보험로드맵

맞춤형 보험 설계 : 나만의 보험 전략 만들기

저자소개

저자 **박경수**

저자는 10년 이상의 경력을 가진 우수 인증 보험 설계사로, 다양한 보험 상품과 리스크 관리에 대한 깊은 이해를 바탕으로 독자들에게 실질적인 지식을 전달하고자 한다.

그는 보험이 단순한 금융 상품이 아니라 우리의 삶을 보호하고 미래를 계획하는 중요한 도구라는 신념을 가지고 있다. 이 책을 집필하게 된 계기는 보험에 대한 올바른 정보와 통찰을 제공하여, 더 많은 사람들이 자신에게 맞는 보험 상품을 선택하고 안정된 미래를 설계할 수 있도록 돕고자 하는 열망에서 비롯되었다.

저자는 정기적인 세미나와 교육 프로그램을 통해 보험에 대한 정확한 정보와 지식을 전파하고 있으며, 고객의 목소리를 경청하여 그에 적합한 최적의 솔루션을 제공하기 위해 지속적으로 노력하고 있다.

독자들이 이 책을 통해 보험에 대한 새로운 시각을 얻고, 자신과 가족의 미래를 안전하게 지킬 수 있는 길잡이가 되기를 희망한다.

프롤로그

 보험은 우리 삶에서 중요한 재정적 안전망이지만, 많은 보험 소비자들이 제대로 활용하지 못하는 경우가 많다.
《보험 로드맵》은 저자가 지난 10년 이상 보험 설계사로 활동하며, 보험 대리점을 운영하면서 얻은 경험과 지식을 바탕으로 보험 소비자들이 쉽게 놓치는 다양한 보험 정책과 보장 내용을 알리고자 집필한 책이다.

 보험의 꽃은 보상이라는 말이 있다. 보험은 가입 자체도 중요하지만, 결국 필요할 때 제대로 보상을 받을 수 있어야 그 가치를 다한다고 할 수 있다. 하지만 보험금 청구 절차를 몰라서, 혹은 보장 내용에 대한 이해 부족으로 인해 제대로 된 보상을 받지 못하는 사례가 많다.
 이 책에서는 보험금을 청구하는 방법부터 보험 상품을 제대로 선택하는 보장 분석 전략까지 다룬다.

 보험에 가입할 때 가장 중요한 것은 자신에게 맞는 보장을 확보하는 것이다. 단순히 보험료가 저렴하다고 해서 좋은 것이 아니다. 많은 사람들이 보험에 가입하면서도 정작 필요할 때 보장을 받지 못하는 이유는, 가입 당시 보장 범위를 제대로 확인하지 않았거나 면책 사항을 간과했기 때문이다.
 이 책에서는 보험 설계 단계에서 반드시 고려해야 할 요소들을 구체적으로 설명한다.

 특히 보험 가입 후에도 지속적으로 보장을 점검하고 조정하는 것이 필요하다. 시대가 변하면서 의료비와 질병의 양상도 달라지기 때문에, 과거에 가입한 보험이 현재도 충분한 보장을 제공하는지 확인해야 한다.

예를 들어, 암보험을 가입한 지 오래되었지만 최근 암 치료비가 급격히 상승하면서 기존 보장으로는 충분하지 않은 경우가 많다.
따라서 기존 보험을 점검하고, 필요 시 추가 보장을 확보하는 전략이 필요하다.

또한 보험금 청구 과정에서 실수로 인해 제대로 보상을 받지 못하는 경우도 있다. 보험금 청구는 단순한 서류 제출이 아니라, 보장 내용과 면책 조항을 정확히 이해하고 필요한 서류를 제대로 준비해야 한다.
이 책에서는 실제 사례를 통해 보험금 청구 과정에서 주의해야 할 점과 효율적으로 보상을 받는 방법을 상세히 설명한다.

보험 소비자의 권리는 반드시 보장받아야 한다. 보험사는 소비자가 계약한 보장 내용을 충실히 이행할 의무가 있다. 하지만 일부 소비자들은 본인의 권리를 제대로 알지 못해 정당한 보상을 받지 못하는 경우가 있다.
이 책은 보험 소비자가 꼭 알아야 할 권리와, 이를 보호하기 위한 실질적인 대응 방법도 함께 다룬다.

결국 보험은 단순히 가입하는 것으로 끝나는 것이 아니라, 지속적으로 점검하고 필요 시 조정하며, 보상을 받을 때는 정확하게 청구하는 것이 중요하다.
이 책은 보험에 대한 실질적인 가이드가 되어, 보험 소비자들이 스스로 올바른 선택을 할 수 있도록 돕고자 한다.

보험을 준비하려는 이부터, 이미 가입했지만 점검이 필요한 이, 보험금을 청구해야 하는 이까지, 모든 보험 소비자들에게 꼭 필요한 내용을 담고 있다.

보험로드맵 목차

저자소개	005
프롤로그	006
목차	008
마무리하며	173

1 생애주기별 보험상품 가입 방법

1	태아보험&어린이(20세 이하)	012
2	사회초년생(2030)	028
3	중장년(4060)	048
4	노년(60세 이상)	086

2 소비자들이 쉽게 속는 보험사 정책

1	고지/통지의무위반과 보험금 부지급 사례	108
2	고지의무와 계약 해지 기준	112
3	치료방법별 보험금 부지급 사례	116
4	예외질환	120

3 가입 시기별 보장이 다른 보험상품

1 암보험 변천사 126
2 경험생명표와 연금보험 130
3 운전자보험 변천사 134
4 실손보험 변천사 138
5 실손의료비 가입시기별 면책기간 142
6 후유장해 진단금 146

4 보험금 청구의 현실과 소비자의 권리

1 보험금 청구 프로세스 152
2 의료 자문과 보험금 청구 팁 154
3 소비자가 알기어려운 보상규정_수술비보상 158

5 똑똑한 소비자를 위한 보험 전략

1 보험 리모델링의 필요성 164
2 비급여 치료, 실손보험만으론 부족 166
3 신의료기술과 주요수술 보장 168
4 보험 약관 쉽게 이해하기 170

PART
1

생애 주기별 보험상품 가입 방법

1. 태아 & 어린이(20세 이하)
① 태아보험 가입 요령과 꿀팁

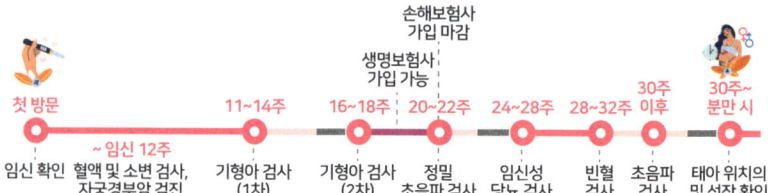

✅ 기형아 검사 이후(16주 이후) 또는 정밀 초음파검사 이후(20주 이후)로 가입시기가 각 보험사마다 차이가 있다.

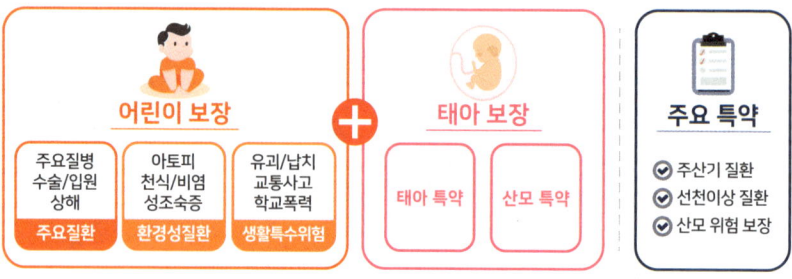

1 생애주기별 보험상품 가입 방법

|태아보험 가입 요령과 꿀팁

태아보험은 자녀의 건강한 출산과 성장을 위한 첫 번째 보장 수단이다. 최근 산모의 평균 연령 상승과 다양한 환경적 요인으로 인해 저체중아나 선천 이상아 출산 확률이 높아지면서, 그 중요성이 더욱 커지고 있다.

태아보험의 가장 큰 특징은 임신 중에 가입하여 출생 직후부터 즉시 보장을 받을 수 있다는 점이다. 선천적 기형, 저체중아 인큐베이터 비용, 신생아 황달 등 출산 직후 발생할 수 있는 위험부터, 성장 과정에서 겪을 수 있는 질병이나 사고까지 폭넓은 보장을 제공한다.

가입 시기는 매우 중요하다. 손해보험사는 임신 직후부터, 생명보험사는 임신 16주부터 22주 전까지 가입이 가능하다. 특히 1차 기형아 검사(임신 약 11주) 이전에 가입하는 것이 안전하다.

태아보험 설계 시에는 몇 가지 핵심 사항을 고려해야 한다. 먼저 출산 후 자녀보험으로 전환되는 구조를 이해하고, 태아담보와 실손 의료비 보험료 변동을 고려한 설계가 필요하다. 입원일당과 주요 진단비 특약은 적정 수준에서 설정하고, 만기는 30세, 납입기간은 20년이 적당하다. 상급종합병원 입원비나 제왕절개 보장 등 추가 특약도 필요에 따라 선택할 수 있다.

마지막으로, 출산 후에는 반드시 태아를 보험 증권에 등재해야 보장이 시작된다는 점을 기억해야 한다. 여아 출산 시에는 남아 보험료와의 차액을 환급받을 수 있으니 이점도 놓치지 말아야 한다.

1. 태아 & 어린이(20세 이하)
② 일상배상책임보험 활용사례

일상생활배상책임보험이란?

일상생활을 하면서 배상책임보험을 가입한 피보험자(가해자)가
타인에게 피해를 입힘으로써 발생하는 손해를 배상하는 보험

배상책임보험별 피보험자 대상

자녀배상책임보험
[자녀]

일상배상책임보험
[본인, 동거하는 배우자,
13세 미만 자녀]

가족생활배상책임보험
[본인, 8촌 이내 혈족]

주요보상사례

피보험자가 주거용을 사용하는 보험증권에 기재된 주택
(사용 중 발생하는 우연한 사고)
ex. 주택 누수로 인한 피해 발생

피보험자의 일상생활에 기인하는 우연한 사고
ex. 기물 파손, 개물림

보상하지 않는 사례

고의로 인한 배상책임은 원칙적으로 보상 제외
ex. 방화, 다른 사람과 싸워 상해를 입힌 경우 등

천재지변으로 인한 배상책임은 원칙적으로 보상 제외
ex. 지진으로 거주 주택의 창문이 떨어져 행인을 다치게 한 경우

피보험자가 사용하는 물건의 원래 소유주에 대한 배상책임은 보상에서 제외될 수 있음
ex. 친구로부터 빌려 사용하는 노트북을 파손한 경우

| 일상배상책임보험 활용사례

일상생활배상책임보험은 일상 속에서 타인에게 신체적 또는 재산적 피해를 입혔을 때 발생하는 배상 책임을 보장한다.

일상생활배상책임보험은 주로 운전자 보험, 실손보험, 건강보험, 주택 화재 보험 등의 특약 형태로 가입되며, 월 천 원 내외의 저렴한 보험료로 최대 1억 원까지의 보장을 받을 수 있다.

일상생활배상책임보험은 가입한 특약 형태에 따라 보장 대상 범위가 달라진다. 일반적인 일상배상책임보험과 자녀일상배상책임보험, 가족일상생활배상책임보험 등이 있다. 가족일상배상책임보험은 가족 구성원까지 보장받을 수 있다는 것이다. 피보험자의 배우자와 자녀도 보장 대상에 포함될 수 있으며, 이는 가정 내 발생할 수 있는 다양한 사고에 대비할 수 있게 해준다. 다만, 보험사마다 보장 범위가 다르므로, 가입 전 약관을 꼼꼼히 확인하는 것이 중요하다.

일상 배상책임보험 보장 내용은 크게 대인배상과 대물배상으로 나뉜다. 대인배상은 타인의 신체에 피해를 입혔을 때의 치료비를, 대물 배상은 타인의 재산을 파손했을 때의 손해를 보상한다.

이 보험을 청구할 때 자기부담금이 존재하는 것은 유의하시길 바란다. 대인 배상에 대해서는 자기부담금이 없지만 대물배상의 경우 사고 금액 중 일정 금액(보통 20만 원)은 자기부담금이 발생한다. 단 2009년 7월 이전 가입한 일상생활배상책임보험은 자기부담금이 2만 원으로 가입 시기마다 자기부담금 차이가 있다.

1. 태아 & 어린이(20세 이하)
③ 골절 시 보상해 주는 보험 특약

골절 보험이란?

골절진단비
골절로 진단받은 경우 정액보상해 주는 특약

5대 골절진단비
머리, 목, 가슴, 허리, 요추 퇴골 골절 시 정액 보상해 주는 특약

골절수술비
골절로 수술 시 정액보상해 주는 특약

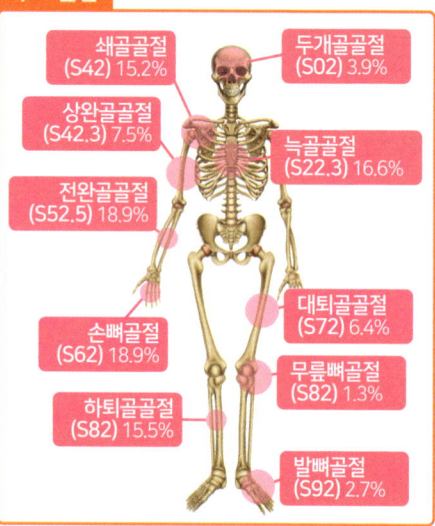

주요 골절
- 쇄골골절 (S42) 15.2%
- 두개골골절 (S02) 3.9%
- 상완골골절 (S42.3) 7.5%
- 늑골골절 (S22.3) 16.6%
- 전완골골절 (S52.5) 18.9%
- 손뼈골절 (S62) 18.9%
- 대퇴골골절 (S72) 6.4%
- 무릎뼈골절 (S82) 1.3%
- 하퇴골골절 (S82) 15.5%
- 발뼈골절 (S92) 2.7%

골절진단비 보상 여부

질병으로 골절된 경우
보상불가
ex. 스트레스 골절 / 골다공증

상해로 골절된 경우
보상가능
ex. 교통사고 골절 / 운동 중 코뼈 골절

골절진단비 지급 횟수

Q 동일한 사고로 2개 이상 부위가 골절된 경우 2개 진단비를 다 지급할까요?

동일 사고로 **1회만 보험금이 지급**됩니다.

Q 2023년 1월에 교통사고로 손목 골절, 2023년 10월 운동 중 코뼈가 골절 되었는데 진단비 보상은 가능한가요?

두 개의 사고로 골절이 발생했기 때문에 보상은 가능하나 **약관상 1년에 보상 제한 횟수를 확인**해야 합니다.

│골절 시 보상해 주는 보험 특약

 어린이 성장기에는 신체 활동이 활발하고 다양한 환경에서 움직이기 때문에 골절과 상해 위험이 특히 높다. 골격 형성이 완전히 이루어지지 않은 성장기 아이들은 성인보다 골절 확률이 높으며, 특히 10~14세 아이들의 골절 발생률이 다른 연령대에 비해 높은 편이다. 이는 아이들의 왕성한 활동량과 미성숙한 신체적 특성에서 기인한다.

 학교, 학원, 놀이공원, 운동장 등 아이들이 일상적으로 생활하는 공간에서 다양한 상해 위험이 존재한다. 스포츠 활동이나 야외 놀이 중 넘어지거나 부딪히는 사고가 빈번하게 발생하며, 자전거를 타다가 넘어지거나 친구들과 뛰어놀다가 다치는 경우가 많다. 이러한 사고들은 단순한 찰과상에 그치지 않고 골절이나 심각한 부상으로 이어질 수 있어 주의가 필요하다.

 어린이 골절 및 상해보험은 이러한 예상치 못한 사고로 인한 경제적 부담을 줄이고, 필요한 치료를 신속하게 받을 수 있도록 도와준다. 주요 보장 내용으로는 골절 관련 보장과 상해 관련 보장으로 나눌 수 있다. 골절 관련 보장에는 치아파절을 제외한 모든 골절 진단 시 보장되는 골절진단비, 손목, 발목, 팔, 다리, 척추 등 주요 골절 부위에 대한 추가 보장인 5대 골절 진단비 및 수술비, 그리고 골절 후 깁스를 하게 될 경우 추가 보장되는 깁스치료비가 포함된다.

 상해 관련 보장으로는 화상으로 인해 진단을 받거나 치료를 받을 경우 보장되는 화상 진단비 및 수술비, 사고로 인해 입원하게 될 경우 일정 금액을 보장하는 상해로 인한 입원비, 골절이나 화상으로 인해 수술이 필요할 경우 보장하는 수술비 보장 등이 있다. 어린이는 크고 작은 사고가 잦기 때문에 이러한 보장 내용이 실질적인 도움이 될 수 있다.

1. 태아 & 어린이(20세 이하)
③ 골절 시 보상해 주는 보험 특약

어린이 골절 및 상해보험의 가장 큰 장점 중 하나는 갑작스러운 의료비 부담을 덜어준다는 점이다. 어린이가 다쳐서 병원에 가야 하는 경우, 단순한 치료비뿐만 아니라 입원비, 수술비, 재활 치료비 등 추가적인 비용이 발생할 수 있다. 특히 골절 치료는 깁스, 물리치료, 수술 등이 필요할 수 있어 치료비가 상당할 수 있다.

또한, 어린이 상해보험은 중복 보장이 가능하므로 여러 개의 보험에 가입하면 더 높은 보장을 받을 수 있다. 예를 들어, 실손보험과 함께 가입하면 치료비 부담을 크게 줄일 수 있다. 부모 입장에서는 예상치 못한 지출을 대비할 수 있어 가계 재정에 부담을 덜 수 있다.

어린이 골절 및 상해보험은 단순히 한 번의 보장으로 끝나는 것이 아니라 성장기부터 청소년기까지 지속적인 보장이 가능하다. 일부 보험 상품은 일정 기간이 지나 만기가 되면 만기환급금을 지급하는 구조로 되어 있어, 이를 교육 자금이나 생활자금으로 활용할 수도 있다. 이는 보험을 단순한 보장이 아닌 재무적인 관점에서도 활용할 수 있는 장점이 된다.

또한, 아이가 커가면서 필요에 따라 보험을 추가적으로 조정할 수도 있다. 예를 들어, 학년이 올라가면서 운동을 전문적으로 하는 경우 상해보험의 보장 범위를 넓히거나, 위험도가 높은 활동을 하는 경우 추가 특약을 선택할 수도 있다.

어린이 상해보험을 가입할 때는 단순히 보험료만 고려할 것이 아니라 보장 범위와 보험 약관을 꼼꼼히 살펴보는 것이 중요하다. 보장 범위 확인에서는 골절뿐만 아니라 화상, 깁스 치료, 수술 등의 추가 보장 내용이 포함되어 있는지, 특정 상해 유형(예: 스포츠 중 부상)이 보장 대상에 포함되는지 살펴봐야 한다.

면책 조항 확인도 중요한데, 일부 보험 상품은 특정 상황에서는 보장을 하지 않을 수도 있다. 예를 들어, 치아파절은 대부분의 골절 보장에서 제외된다. 보험 가입 전에 약관을 꼼꼼히 확인하고, 필요한 보장이 빠지지 않았는지 확인해야 한다.

보험금 지급 기준 확인에서는 보험금 지급 조건이 명확한지 확인해야 한다. 예를 들어, 특정 치료 방법에만 보험금이 지급되는 경우가 있을 수 있다. 중복 보장이 가능한지 확인하여 실손보험과 함께 활용할 수 있는지 검토해야 한다.

장기적인 혜택 고려에서는 일부 보험 상품이 만기환급금을 제공하여 교육 자금으로 활용할 수 있는 옵션이 있다. 성장기 동안 지속적으로 활용할 수 있는 상품인지 확인하는 것이 중요하다.

1. 태아 & 어린이(20세 이하)
④ 독감 진단비 특약

독감 진단비 특약

'독감(인플루엔자)로 진단 확정'되고 그 치료를 직접적인 목적으로 '독감 항바이러스제'를 처방받은 경우에 사전에 보험사에서 정한 금액을 보상 해주는 보험 특약

독감 vs 감기

독감		감기
인플루엔자 A/B/C형 바이러스	원인	200종류 이상의 바이러스
38도 이상 고열, 기침, 인후통, 두통 등	주요증상	38도 이상 미열, 콧물, 인후염, 재채기 등
O	예방접종	X
항바이러스제	치료	대증치료
폐렴, 심근염 등	합병증	보통 자연 치유

독감(인플루엔자) 환자
외래환자 1,000명 당 의심 증상 환자(의심환자 분율)

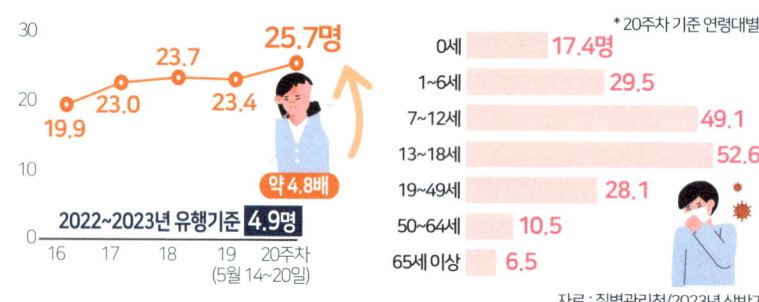

* 20주차 기준 연령대별

연령	의심환자 분율
0세	17.4명
1~6세	29.5
7~12세	49.1
13~18세	52.6
19~49세	28.1
50~64세	10.5
65세 이상	6.5

2022~2023년 유행기준 4.9명
약 4.8배

자료 : 질병관리청/2023년 상반기

해당 특약의 면책기간과 보상기준을 확인하세요.

면책기간	보상기준
보험사에서 보험 가입 후 일정 기간 보상 책임을 지지 않는 기간입니다.	보험사마다 독감 진단비 보상기준이 다를 수 있으니 해당 내용을 확인 바랍니다.

|독감 진단비 특약

독감 입원 후 실손보험 청구 사례

최근 자녀가 독감으로 입원 치료를 받은 A씨는 실손보험을 통해 총 145만 원의 보험금을 수령했다. 아이는 평소 유행성 질환에 취약한 편이었고, 이번 독감 역시 수액 치료와 항바이러스제 처방이 필요했다. 입원 기간 동안 발생한 병원비는 약 30만 원이었으며, 수액 치료와 1인실 사용으로 인해 비용이 높아졌다. 하지만 A씨는 사전에 유행성 질환 관련 보장을 포함한 보험에 다수 가입해 두었고, 항목별 보장을 활용해 큰 금액의 보험금을 받을 수 있었다. 그중에는 격리 치료가 필요하다는 이유로 국가에서 1인실 비용을 일부 보조해 준 것도 도움이 되었다. 이 사례는 적절한 보험 가입과 꼼꼼한 청구가 실제 경제적 부담을 얼마나 줄여줄 수 있는지를 잘 보여준다.

독감 실손 청구 시 필수 준비 서류

많은 사람들이 보험에 가입은 하지만, 막상 청구 과정에서는 어려움을 겪는 경우가 많다. 그러나 실손보험 청구는 생각보다 간단하며, 필요한 서류만 정확히 준비하면 누구나 손쉽게 진행할 수 있다.

필수 서류 목록

1. **진료비 영수증**: 병원비 지출을 증명하는 가장 기본적인 서류
2. **진료비 세부내역서**: 항바이러스제, 수액 치료 등이 명확히 기재되어 있어야 함
3. **진단서 또는 통원확인서**: 병명 및 질병 코드 확인용

1. 태아 & 어린이(20세 이하)
④ 독감 진단비 특약

※ 독감의 질병 코드: J09, J10, J11

청구 서류에 해당 코드가 기재되어 있어야 보험사에서 인정 가능하므로, 진단서 수령 시 반드시 확인해야 한다.

- 부지급 시 사유 안내 및 이의 신청 가능

1 생애주기별 보험상품 가입 방법

1. 태아 & 어린이(20세 이하)
⑤ 치아보험

치과 치료가 부담스러운 이유

[전체 병원 치료 본인 부담률]

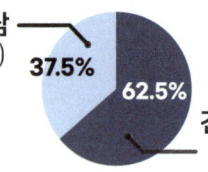

본인부담 (비급여) 37.5%
건강보험 (급여) 62.5%

[치과 병원 치료 본인 부담률]

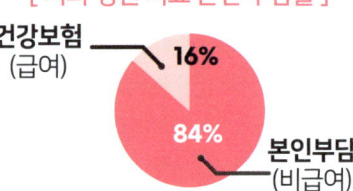

건강보험 (급여) 16%
본인부담 (비급여) 84%

치과치료 급여항목 vs 비급여항목

급여항목 보험적용O	비급여항목 보험적용X
충전치료 : 아말감	충전치료 : 골드인/온레이, 크라운, 레진
발치(사랑니, 단순 발치)	임플란트/틀니/브릿지
파노라마 사진	교정치료
스케일링(만 20세 연 1회)	
구강 검진 및 정기 치과 검진	

치과치료 과정과 치아보험 담보

충치 진행 단계

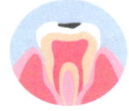 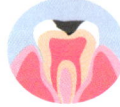  

1단계
통증이 없고 치료에 좋은 시기, 치주질환 치료

2단계
차고 뜨거운 것에 자극을 느끼기 시작

3단계
보존 치료를 필요로 함

4단계
발치 후 보철치료

필요한 담보

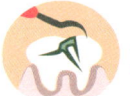 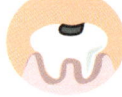  

1단계
(치주 치료비)
(치주질환치료비)

2단계
(충전치료)

3단계
(크라운치료)
연간 3개한

4단계
(임플란트)
개수제한없이

|치아보험

치아 건강은 전체적인 건강과 삶의 질에 직접적인 영향을 미치는 중요한 요소이다. 하지만 많은 사람들이 치아보험의 필요성을 간과하다가 예상치 못한 고액의 치과 치료비에 당황하게 된다. 치과 치료는 국민건강보험의 보장이 제한적이어서 대부분 본인부담금이 크기 때문에 치아보험을 통한 대비가 필요하다.

치아보험은 일반적인 보험과 달리 연령대별로 필요한 보장이 다르고, 가입 시기가 중요하다. 나이가 들수록 보험료가 오르고, 치아 상태에 따라 가입 제한이 생길 수 있기 때문에 가능한 한 젊을 때 미리 가입하는 것이 경제적으로도 유리하다.

어린이 시기(0~15세)는 유치가 빠지고 영구치가 자리 잡는 중요한 과정이다. 이 시기에 가장 중요한 치과 치료는 충치 예방과 교정이다. 어린이 치아보험에서 고려해야 할 주요 특약으로는 충전치료 특약, 크라운 치료 특약, 치수치료(신경치료) 특약, 치아교정 특약이 있다. 충전치료 특약은 레진, 아말감 등의 충전 치료를 보장하여 충치 초기에 효과적으로 대응할 수 있다. 크라운 치료 특약은 심한 충치나 치아 손상 시 필요한 크라운 치료 비용을 보장한다. 치수치료 특약은 충치가 심해져 신경치료가 필요한 경우를 대비한다. 일부 보험사는 교정 특약을 제공하며, 이는 보통 5세 미만에 가입 가능하고 영구치가 나오기 전에 가입하는 것이 유리하다.

어린이 치아보험의 가장 큰 장점은 평생 사용할 영구치를 건강하게 관리할 수 있다는 것이다. 특히 교정 치료는 비용 부담이 크므로 미리 대비하는 것이 중요하다.

1. 태아 & 어린이(20세 이하)
⑤ 치아보험

　청년층(20~30대)은 바쁜 생활 속에서 정기적인 치과 검진을 놓치는 경우가 많다. 이 시기에는 충치 예방과 초기 치료, 그리고 잇몸 건강 관리가 중요하다. 청년층이 고려해야 할 주요 특약으로는 크라운 치료 특약, 치주질환 치료 특약, 스케일링 특약이 있다. 크라운 치료 특약은 젊은 나이에도 발생할 수 있는 심한 충치나 치아 손상 치료를 보장한다. 치주질환 치료 특약은 스트레스와 불규칙한 식습관으로 인해 발생할 수 있는 잇몸 질환 예방 및 치료를 위한 특약이다. 스케일링 특약은 치석 제거와 잇몸 건강 관리를 위한 필수 특약이다.

　청년기에 치아보험에 가입하면 보험료가 저렴하고, 치아 상태가 좋아 가입 제한 없이 다양한 특약을 선택할 수 있다. 이 시기에 치아 건강을 잘 관리하면 중장년층에서 발생할 수 있는 치아 문제를 예방할 수 있다.

　중장년층(40대 이상)은 치아 건강이 급격히 나빠질 가능성이 높은 시기이다. 이 시기에는 치아 상실에 대비한 보장이 중요하다. 주요 특약으로는 임플란트 특약, 보철치료 특약, 치주질환 치료 특약, 치수치료(신경치료) 특약이 있다. 임플란트 특약은 개당 수백만 원이 드는 고액 치료비에 대비할 수 있다. 보철치료 특약은 브릿지, 틀니 등 다양한 보철 치료를 보장한다. 치주질환 치료 특약은 잇몸 질환을 예방 및 치료하고, 치수치료 특약은 치아 신경 손상에 대비한다.

　중장년층은 치아 상태가 좋지 않은 경우가 많아 보험 가입이 제한될 수 있다. 따라서 가능한 한 빨리 가입하는 것이 좋으며, 특히 임플란트와 보철 특약은 고액 치료비에 대비하기 위해 필수적으로 고려해야 한다.

　노년층(60대 이상)은 치아 상실로 인해 임플란트, 틀니 등의 보철 치료가 필수적인 시기이다. 이 시기에는 기존 치아보험을 유지하는 것이 중요하며, 새로 가입하기는 어렵다. 노년층이 고려해야 할 주요 특약으로는 임플란트 특약, 보철치료 특약, 치주질환 치료 특약이 있다. 치아보험이 없을 경우 치과 치료비 부담이 커질 수 있으므로, 기존 보험을 유지하는 것이 최선이다.

치아보험을 가입할 때는 몇 가지 사항을 고려해야 한다. 첫째, 면책기간과 감액기간을 확인해야 한다. 대부분의 치아보험은 가입 초기에 면책기간(보장 제외 기간)과 감액기간(보장금액이 일부만 지급되는 기간)이 있다. 둘째, 보장 한도를 확인해야 한다. 임플란트, 크라운 등의 고가 치료는 연간 또는 보험기간 내 보장 개수에 제한이 있을 수 있다. 셋째, 보험금 지급 조건을 꼼꼼히 확인해야 한다. 일부 보험은 특정 질병으로 인한 치료만 보장하거나, 특정 재료 사용 시만 보험금이 지급될 수 있다. 넷째, 보험료와 보장 기간을 비교해야 한다. 보험료가 저렴하더라도 보장이 부족하면 실질적인 도움이 되지 않으므로, 종합적으로 고려해야 한다.

결국 치아보험은 단순히 치과 치료비를 절감하는 것이 아니라, 장기적으로 치아 건강을 관리하고 고액 치료비에 대비하는 중요한 수단이다. 치과 치료는 한 번의 비용이 아니라 지속적인 관리가 필요한 영역이므로, 연령대에 맞는 적절한 치아보험을 선택하는 것이 바람직하다.

2. 사회초년생(2030)
① 운전자 보험

| check 1 | 공탁금 선지급 가능 | check 2 | Upgrade 변호사 선임 |

자동차 보험 · 운전자 보험 차이

민사적 책임 ➡ 자동차 보험
(대인·대물 배상)   (의무 가입)

형사적 책임 ➡ 운전자 보험
(합의금·벌금·변호사선임비)   (선택 가입)

운전자 보험 가입자의 교통사고처리지원금, 변호사선임비용 중요성

교통사고 처리 지원금
· 피해자 중상해, 12대중과실 경우
· 공탁금선지급 가능

변호사 선임비용 지원
· 사고로 인해 구속된 경우
· 공소제기 되었을 경우
· 경찰조사로 부터 변호사비용 지원

교통사고 처리의 이해

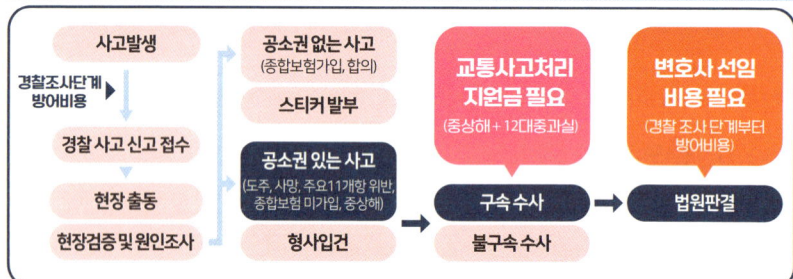

운전자 보험 트렌드

 공탁금 선지금
보험사별 공탁금 지원한도 확인

 변호사 선임비용 선지급
보험사별 변호사선임비용 지원 한도 및
경찰조사단계부터 지원가능성 확인

운전자 보험

현대 생활에서 자동차 운전은 일상의 중요한 부분이 되었다. 출퇴근, 쇼핑, 여가 활동 등 거의 모든 일상 활동에 자동차가 필요한 시대다. 자동차 소유자라면 자동차보험은 이미 의무적으로 가입하고 있지만, 최근에는 자동차보험만으로는 충분한 보장을 받기 어려운 상황이 되었다. 특히 도로교통법이 강화되면서 운전자보험은 더 이상 선택이 아닌 필수가 되었다.

운전자보험은 교통사고 발생 시 형사적, 행정적 책임에서 발생하는 비용을 보장해주는 보험이다. 자동차보험이 사고로 인한 타인의 신체나 재산 피해에 대한 배상책임을 보장한다면, 운전자보험은 운전자 본인의 법률비용, 벌금, 교통사고처리지원금 등을 보장한다. 두 보험은 상호보완적인 관계로, 함께 가입했을 때 운전자를 더욱 두텁게 보호할 수 있다.

최근 몇 년간 도로교통법이 지속적으로 강화되면서 운전자의 법적 책임이 크게 증가했다. 과거에는 가벼운 과실로 처리되던 사고도 이제는 형사처벌의 대상이 될 수 있으며, 벌금액도 상당히 인상되었다. 특히 음주운전, 신호위반, 중앙선 침범 등 12대 중과실로 인한 사고는 더욱 엄중한 처벌을 받게 되었다.

운전자보험에는 다양한 특약이 있지만, 모든 특약이 꼭 필요한 것은 아니다. 불필요한 특약을 제외하고 필수적인 보장 항목만 선택하면 보험료 부담을 줄이면서도 충분한 보장을 받을 수 있다.

운전자보험의 필수 보장 항목 중 가장 중요한 것은 교통사고처리지원금이다. 이는 운전 중 사고로 피해자에게 중상해를 입히거나 사망사고가 발생했을 때, 형사합의금을 지원하는 보장으로, 보통 2억 원까지 설정할 수 있다.

2. 사회초년생(2030)
① 운전자 보험

변호사선임비용 특약은 교통사고로 인해 형사소송이 발생할 경우, 변호사 비용을 보장해주는 항목으로, 최근에는 변호사 선임비용을 선지급하는 상품도 등장했다.

특히 주목할 만한 것은 공탁금 보장 및 선지급 특약이다. 교통사고 후 형사합의가 이루어지지 않을 경우, 법원에 공탁금을 납부해야 하는 상황이 발생할 수 있는데, 이때 공탁금 보장 특약이 큰 도움이 된다. 최근에는 공탁금을 70%까지 선지급해주는 상품이 일반적이었으나, 이제는 100%까지 선지급해주는 보험사도 등장하여 소비자의 선택권이 넓어졌다. 이는 사고 발생 시 즉각적인 대응이 가능하게 해주어 가입자의 부담을 크게 줄여준다.

운전자보험 가입 시에는 자신의 운전 패턴, 경제적 상황, 그리고 위험 노출 정도를 고려하여 적절한 보장 범위를 선택하는 것이 중요하다. 운전자보험은 최근 갱신형 상품으로 출시되기 때문에 새로운 담보가 업그레이드되면 새로운 담보로 갈아타는 전략도 나쁘지 않다. 예전에 가입되어 있는 운전자보험 대비 최근 운전자보험의 보장범위가 훨씬 넓다. 따라서 운전자보험은 최신트렌드에 맞춘 내용인지 확인하는 것도 중요하다.

최근에는 공탁금과 변호사선임비용 선지급 뿐만 아니라 비탑승중 사고 보장도 되는 운전자보험이 출시되어 보장 범위가 점차 늘어나는 추세이다.

최근 운전자보험은 가입 절차가 매우 간소화되어 고지 항목이 1~2개 정도로 제한되어 있어, 만성질환이 있거나 건강상 문제가 있는 사람도 비교적 쉽게 가입할 수 있다. 일반적으로 약복용 여부만 확인하는 간편 심사로 진행되는 경우가 많아 가입 장벽이 낮아졌다.

1 생애주기별 보험상품 가입 방법

　현대 사회에서 운전자보험은 더 이상 선택이 아닌 필수가 되었다. 도로교통법이 강화되고 법적 책임이 커짐에 따라 운전자는 더 큰 위험에 노출되고 있으며, 이에 대비하기 위한 운전자보험의 역할이 중요해지고 있다. 필수적인 보장 항목을 중심으로 가입하고, 공탁금 100% 선지급과 같은 유용한 기능이 있는 상품을 선택한다면, 보험료 부담은 줄이면서도 사고 발생 시 충분한 보호를 받을 수 있을 것이다.

2. 사회초년생(2030)
② 종신보험 : 사망보장에서 노후연금까지

주보험 + 은퇴연금전환특약

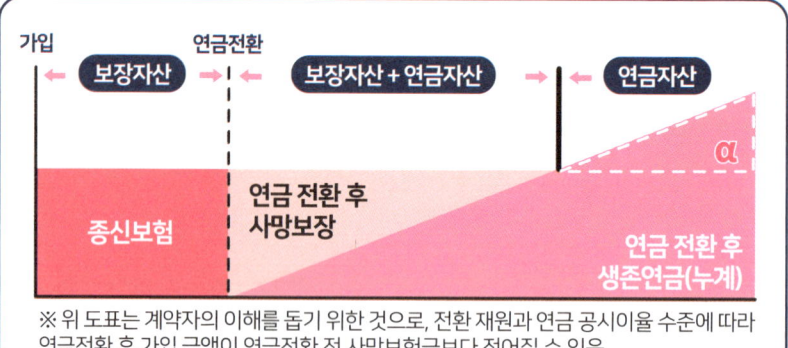

※ 위 도표는 계약자의 이해를 돕기 위한 것으로, 전환 재원과 연금 공시이율 수준에 따라 연금전환 후 가입 금액이 연금전환 전 사망보험금보다 적어질 수 있음

종신보험 및 연금(저축성)보험의 비교안내표(예시)

종신보험(연금전환특약)		연금보험 등 저축성보험
사망보험금으로 유족 보장 (단, 사망 이전에 연금으로 전환 가능)	가입 목적	연금 수령 등 노후 대비를 위한 저축
고액의 사망보험금 설계 가능	장점	안정적인 몫돈(연금액) 설계 가능
연금전환 시 연금보험 대비 적은 연금액	단점	사망 등 보장기능 미흡

종신보험 및 연금(저축성)보험의 비교안내표(예시)

조기사망 대비 → 연금보험
연금으로 전환 → 연금보험
적립금의 급전 활용 → 유니버셜보험
치료비로 사용 → 건강보험

|종신보험 : 사망보장에서 노후연금까지

 가정의 주 수입원인 가장이 되면 본인의 부재로 인해 가족이 겪을 경제적 어려움에 대비해야 한다. 사망, 질병, 사고 등으로 가장이 갑작스럽게 사망하면 남겨진 가족은 생계 유지에 큰 어려움을 겪을 수 있다. 이러한 위험에 대비하는 것이 가장의 중요한 의무이며, 종신보험은 이에 대한 가장 기본적이고 확실한 안전장치다.

 종신보험은 피보험자가 언제 사망하더라도 지정된 보험금을 지급하는 상품으로, 특히 자녀가 어리거나 주택담보대출과 같은 큰 부채가 있는 가정에서는 필수적인 재무 보호 수단이다. 과거 종신보험은 단순히 사망보장만을 제공했으나, 최근에는 연금전환 옵션 등을 통해 생존 시에도 활용할 수 있는 금융상품으로 진화했다.

 연금전환 옵션은 일정 기간 후 해약환급금을 연금으로 전환하여 노후 자금으로 활용하는 기능이다. 가입 시 연금전환 특약을 선택하면 45~80세 사이에 연금으로 전환할 수 있으며, 확정형(10년, 20년 등 정해진 기간 지급), 종신형(평생 지급), 조기집중형(초기 집중 지급 후 감소) 등의 방식으로 연금을 받을 수 있다. 이를 통해 종신보험은 사망보장과 노후 준비를 동시에 할 수 있는 상품으로 자리 잡았다.

 실제 사례를 보면, 20년 전 가족의 경제적 보호를 위해 종신보험에 가입한 김씨는 자녀들이 독립한 후 노후를 걱정하며 연금전환을 고려했다. 보험료 납입을 완료한 김씨는 종신형 연금을 선택해 매월 일정 금액을 생활비로 활용할 수 있었다. 이처럼 종신보험은 생애주기에 따라 유연하게 활용할 수 있는 장점이 있다.

2. 사회초년생(2030)
② 종신보험 : 사망보장에서 노후연금까지

그러나 연금전환 시 몇 가지 유의해야 할 사항이 있다. 종신보험은 보장성 상품이므로 사업비와 위험보험료가 포함되어 있어 순수 저축성 상품보다 연금 수령액이 적을 수 있다. 또한 연금전환 후 비과세 혜택을 받으려면 10년 이상 유지해야 하며, 보험료가 일정 기준을 초과하지 않아야 한다. 모든 종신보험이 연금전환이 가능한 것은 아니므로, 가입 시 연금전환 특약이 포함되어 있는지 확인하는 것이 중요하다.

연금전환 특약이 없는 경우에도 일부 보험사는 해지 없이 적립금을 중도인출할 수 있는 기능을 제공하며, 정부 차원에서도 과거 종신보험을 연금으로 전환할 수 있도록 정책을 추진 중이다. 따라서 기존에 가입한 종신보험이 있다면 활용 가능한 옵션을 확인하는 것이 좋다.

종신보험을 전략적으로 활용하려면 가족의 생활비, 부채, 교육비 등을 고려하여 적절한 보험금액을 설정해야 하며, 경제활동 기간 동안 보험료를 모두 납입할 수 있도록 계획하는 것이 바람직하다. 또한 연금이 필요한 시점과 필요 금액을 미리 계산하여 연금전환 시점을 고려해야 하며, 퇴직연금, 개인연금 등과 함께 활용하면 더욱 안정적인 노후 준비가 가능하다.

종신보험은 단순한 사망보장 상품을 넘어 노후 생활자금으로도 활용할 수 있는 유연한 금융상품으로 발전했다. 다만, 종신보험의 본질은 여전히 사망보장에 있으며, 순수한 노후 준비만을 목적으로 한다면 연금보험이나 다른 저축성 상품이 더 유리할 수 있다. 그러나 사망보장과 노후 준비를 동시에 달성하고자 한다면 연금전환 옵션이 있는 종신보험은 매우 효과적인 선택이 될 수 있다.

결국 가장의 역할은 가족을 보호하는 것뿐만 아니라, 함께 건강한 노후를 보낼 수 있는 경제적 기반을 마련하는 것이다. 종신보험은 이 두 가지 목적을 모두 충족하는 중요한 금융 도구로, 가족의 미래를 보장하면서도 노후를 대비하는 현명한 선택이 될 수 있다.

2. 사회초년생(2030)
③ 4세대와 5세대 실손보험

4세대와 5세대 실손보험 비교

	4세대(현행)	5세대(예정)
연간 보장 한도	5000만 원	1000만 원
통원 보장 한도	회당 20만 원	1일 20만 원
입원 보장 한도	한도 없음	회당 300만 원
본인 부담	30% (통원 최소 3만 원)	50% (5만 원)
보험금 미지급	미용·성형 등	3대 비급여 등 추가
심사 기준	치료목적성 심사	주요 비급여에 분쟁조정기준 신설

※ 3대 비급여는 근골격계 치료, 주사, MRI
자료 : 금융위원회

세대별 실손보험 재가입주기 및 5세대 실손보험 자동전환

	1세대	2세대 초기	2세대 후기	3세대	4세대	5세대
가입 시점	2009년 9월 이전	2009년 10월 ~ 2013년 4월	2013년 5월 ~ 2017년 4월	2017년 4월 ~ 2021년 6월	2021년 7월 ~ 현재	2026년 6월 출시 예정
재가입 주기	없음	없음	15년	15년	5년	
재가입 주기			2028 ~ 2032년 5세대 재가입	2032 ~ 2036년 5세대 재가입	2026년부터 5세대 재가입	

재매입 대상

재가입 시점에 의무적으로 5세대 가입

전환하고 싶다면 선택지는?

3, 4세대 실손보험
재매입 보상금 없음,
가입기간동안 실손보험 혜택을 보지만 5년, 15년 뒤 5세대 자동전환

1, 2세대 실손보험
재매입 선택 시 보상금 논의 중,
2세대 후기 가입자는 재가입 주기때 5세대 전환

4세대와 5세대 실손보험

4세대와 5세대 실손보험은 보장 범위, 자기부담률, 보험료 구조 등 여러 측면에서 차이가 있다. 내용은 보장범위, 보장한도, 자기부담률 등을 참고해서 설명하겠다.

보장 범위

4세대 실손보험은 급여와 비급여 항목을 모두 포함하며, 도수치료, 주사치료, MRI 등의 비급여 항목이 기본 보장에 포함되어 있다. 반면 5세대 실손보험은 비급여 항목이 크게 축소되었으며, 특히 근골격계 질환 치료(도수치료, 체외충격파 등)와 비급여 주사제가 원천적으로 제외되었다. 다만, 중증 질환 치료 목적인 경우에는 여전히 보장이 가능하다.

보장 한도

5세대 실손보험은 비중증 비급여 진료의 보장 한도가 연간 5000만 원에서 1000만 원으로 축소되었다. 또한 외래 치료의 경우 회당 20만 원에서 일당 20만 원으로 변경되어, 하루에 여러 진료과를 방문해도 총 20만 원까지만 보장받을 수 있다. 반면, 상급종합병원과 종합병원 입원 시 연간 자기부담 한도(500만 원)를 신설하여 중증 질환에 대한 보장은 강화되었다.

자기부담률

4세대 실손보험의 자기부담률은 급여 항목의 경우 입원 20%, 통원 10-20%이며, 비급여 항목은 청구 금액의 20%이다. 5세대 실손보험은 급여 항목의 경

2. 사회초년생(2030)
③ 4세대와 5세대 실손보험

우 입원과 외래 모두 20%로 통일되었고, 비급여 항목은 중증 비급여(특약1)와 비중증 비급여(특약2)로 구분하여 자기부담률이 30~50%로 차등화되었다.

보험료 구조

4세대 실손보험은 보험료가 고정적으로 설정되며, 의료비 청구 횟수와 관계없이 동일한 갱신율이 적용된다. 5세대 실손보험은 의료비 사용량에 따라 보험료가 달라지는 차등제가 적용되며, 전년도 비급여 수령 보험금이 100만 원 이하인 경우 보험료가 줄어든다. 또한 4세대 대비 보험료가 30~50% 저렴해질 전망이다.

5세대 실손보험의 주요 특징

5세대 실손보험의 주요 특징은 다음과 같다.

급여와 비급여의 명확한 분리: 급여는 입원과 외래로 구분하고, 비급여는 중증 비급여(특약1)와 비중증 비급여(특약2)로 구분하여 보장한다.

중증 질환 보장 강화: 상급종합병원과 종합병원 입원 시 연간 자기부담 한도를 신설하여 중증 질환에 대한 보장을 강화했다.

비급여 항목 축소: 도수치료, 체외충격파 등 근골격계 치료와 비급여 주사제는 중증 질환 치료 목적이 아니면 보장에서 제외된다.

보험료 차등제: 의료비 사용량에 따라 보험료가 달라지는 차등제가 적용되며, 비급여 수령 보험금이 적을수록 보험료 할인 혜택을 받을 수 있다.

단계적 전환: 약관 변경 조항이 있는 후기 2세대, 3세대, 4세대 실손보험은 약관 변경 시점이 지나면 5세대의 약관을 적용받게 된다. 전체 고객의 약관이 5세대 기준으로 변경되는 데는 약 10년이 걸릴 것으로 예상된다.

 5세대 실손보험은 비급여 치료 등 많은 보장 범위가 축소되었기 때문에, 실손보험만으로는 충분한 보장을 받기 어려울 수 있다. 따라서 진단비나 수술비 보험 등 다른 보험 상품을 함께 가입하는 것이 좋다. 특히 암, 뇌혈관 질환, 심장 질환 등 중대 질병에 대한 진단비 보험과 수술비 보험을 추가로 가입하여 의료비 부담을 줄이는 것이 바람직하다. 또한 비급여 항목 중 자주 이용하는 치료가 있다면, 해당 치료에 특화된 특약이나 보험 상품을 검토하는 것도 필요하다. 결론적으로, 5세대 실손보험은 중증 질환에 대한 보장은 강화되었지만 일상적인 의료 이용에 대한 보장은 축소되었으므로, 개인의 건강 상태와 의료 이용 패턴을 고려하여 추가적인 보장 방안을 마련하는 것이 중요하다.

2. 사회초년생(2030)
④ 보험료 갱신과 비갱신 차이

갱신형	항목	비갱신형
일정 주기(3, 5년) 단위로 갱신 보험 전 기간에 걸쳐 납입	보험 기간 및 보험료 납입 기간	만기 시 까지 납입 (예 : 100세 만기) 특정 기간 납입 (예:10년, 20년)
갱신시점 요율	적용 요율	가입시점 요율
가입 시 보험료 저렴	장점	가입시점 보험료 그대로 유지 납입 완료 후에도 만기 까지 보장
갱신 시 보험료 인상 일부 담보 가입거절 가능성 有	단점	가입 시 보험료가 갱신형 대비 비쌈
갱신주기가 짧을수록 보험료 저렴	비고	나이 어릴수록 보험료 저렴
초기 보험료가 낮은 대신 특정 주기 마다 보험료가 오르는 보험	특징	초기 보험료가 높지만 만기까지 보험료가 오르지 않는 보험
❶ 나이가 많거나 보험료 부담이 있는 경우 ❷ 향후 위험률 감소 등 상품 가입 조건이 좋게 변경될 것이 예상될 경우 ❸ 단기 목적으로 보험 가입 시	가입 적합 대상	❶ 나이가 젊고, 보험료 부담이 없는 경우 ❷ 향후 위험률 증가 등 상품 가입 조건이 안 좋게 변경될 것이 예상될 경우 ❸ 장기 목적으로 보험 가입 시

※ 적용요율 : 보험료 산출 시 반영되는 위험율, 이자율, 사업비율

|보험료 갱신과 비갱신 차이

보험 상품을 선택할 때 가장 많이 고민하게 되는 요소 중 하나는 '갱신형'과 '비갱신형' 중 어떤 유형을 선택할지에 관한 문제다. 많은 사람들이 단순히 보험료가 오르지 않는 비갱신형이 무조건 유리하다고 생각하거나, 반대로 초기 보험료가 저렴한 갱신형이 경제적이라고 판단하곤 한다. 그러나 보험 선택은 이처럼 이분법적으로 접근할 문제가 아니며, 개인의 상황과 보험 상품의 특성에 따라 적합한 선택이 달라질 수 있다.

보험 상품의 본질은 미래의 위험에 대비하여 경제적 보장을 받는 것이다. 따라서 갱신형과 비갱신형 중 어떤 것이 더 좋은가를 판단할 때는 단순히 보험료만 보는 것이 아니라, 필요한 보장을 적절한 시기에 효율적으로 받을 수 있는지를 고려해야 한다.

갱신형 보험은 일정 기간(보통 3년, 5년, 10년 등)마다 보험료가 재산정되는 상품이다. 갱신 시 보험료는 가입자의 연령 증가와 전체 가입자의 위험률 변동을 반영하여 조정된다. 초기에는 보험료가 저렴하지만, 갱신을 거듭할수록 보험료가 크게 증가하는 특징이 있다. 반면 비갱신형 보험은 계약 기간 동안 보험료가 변동 없이 고정되는 상품으로, 초기 보험료는 갱신형보다 높지만 장기적으로는 총 납입 보험료가 적을 수 있다.

갱신형 보험이 유리한 상황을 살펴보자. 첫째, 단기간의 보장이 필요한 경우다. 예를 들어, 특정 질병에 대한 위험이 일시적으로 높아진 시기나, 여러 보험을 비교해보는 과도기적 단계에서는 갱신형 보험이 적합할 수 있다. 초기 보험료 부담이 적어 필요한 보장을 우선 확보할 수 있기 때문이다.

2. 사회초년생(2030)
④ 보험료 갱신과 비갱신 차이

둘째, 보험 상품이나 보장 내용이 자주 변동되는 영역에서는 갱신형이 유리할 수 있다. 운전자보험이 대표적인 예다. 교통 환경, 법규, 배상 책임 등이 계속 변화하면서 보장 내용도 함께 발전하기 때문에, 갱신 시점에 업데이트된 보장 내용을 적용받을 수 있는 갱신형이 더 나은 선택일 수 있다. 또한 자동차 운전 빈도나 환경이 변할 수 있는 젊은 층에게는 일정 기간마다 보장 내용을 재검토할 수 있는 갱신형이 유연성을 제공한다.

셋째, 현재 경제적 여유가 충분하지 않지만 향후 소득 증가가 예상되는 경우다. 사회 초년생이나 경력 초기 단계에 있는 사람들은 당장의 보험료 부담을 줄이고 필요한 보장을 확보하기 위해 갱신형을 선택했다가, 경제적 여유가 생기면 비갱신형으로 전환하는 전략을 취할 수 있다.

반면, 비갱신형 보험이 유리한 상황도 있다. 첫째, 장기적인 보장이 필요한 질병이나 상해 보험의 경우다. 암보험, 실손의료보험과 같이 나이가 들수록 발병 위험이 높아지는 질병에 대한 보장은 비갱신형으로 가입하는 것이 장기적으로 유리하다. 갱신형으로 가입했다가 고령이 되어 보험료가 크게 오르면 보장이 가장 필요한 시기에 보험을 유지하기 어려워질 수 있기 때문이다.

둘째, 보장 내용이 크게 변하지 않는 보험 상품의 경우다. 사망보험이나 정기보험과 같이 기본적인 보장 내용이 안정적인 상품은 비갱신형으로 가입하는 것이 장기적으로 보험료 부담을 줄일 수 있다.

셋째, 현재 건강 상태가 양호하고 젊을 때 가입하는 경우다. 비갱신형 보험은 가입 시점의 건강 상태와 연령을 기준으로 보험료가 책정되므로, 건강할 때 가입하면 유리한 조건으로 평생 보장받을 수 있다. 반면, 나중에 건강에 문제가 생긴 후 새로 가입하려면 보험료가 크게 오르거나 가입 자체가 어려울 수 있다.

 현명한 보험 선택을 위해서는 자신의 생애주기, 재정 상황, 보장 필요성 등을 종합적으로 고려해야 한다. 예를 들어, 연령과 건강 상태에 따른 위험도 변화, 미래 소득 예상, 보험 유지 기간 등을 분석하여 갱신형과 비갱신형의 장단점을 비교해볼 필요가 있다. 또한 두 가지 유형을 적절히 조합하는 것도 좋은 전략이다. 장기적으로 필요한 핵심 보장은 비갱신형으로, 일시적이거나 변동 가능성이 높은 보장은 갱신형으로 설계하는 방식이다.

 중요한 것은 '갱신형이 무조건 나쁘다' 또는 '비갱신형이 항상 좋다'라는 이분법적 사고에서 벗어나, 각 상품의 특성과 자신의 상황에 맞는 합리적인 선택을 하는 것이다. 보험은 결국 위험에 대비하는 도구이므로, 가장 필요한 보장을 가장 효율적인 방법으로 확보하는 것이 핵심이다. 때로는 갱신형이, 때로는 비갱신형이 더 적합할 수 있으며, 이는 개인의 상황과 필요에 따라 달라질 수 있다.

2. 사회초년생(2030)
⑤ 납입면제 기능

납입면제란?

보험 기간 중 질병이나 상해 어느 하나에 해당하는 사고가 발생하여 보험 약관에서 규정하는 조건에 부합하는 경우 차후에 납입해야 하는 보험료를 모두 면제해주고 보험 만기까지 보장해주는 제도

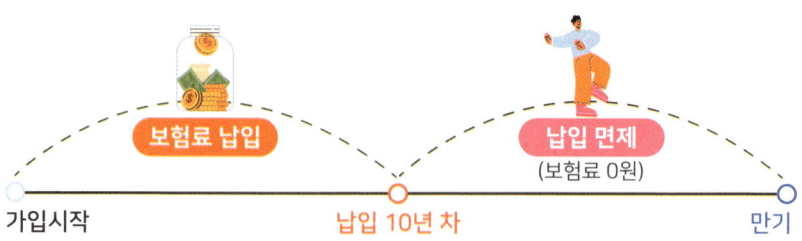

납입면제 해당 사유 발생 시

잔여 납입금을 전부 면제 / 보장은 지속 유지

CHECK 1. 보장자산 납입면제 탑재/조건 확인

납입면제는 기본으로 탑재된 상품도 있을 수 있고, 특약 형태로 별도 추가해야 하는 경우도 있습니다.

CHECK 2. 납입면제 / 납입지원 기능 확인

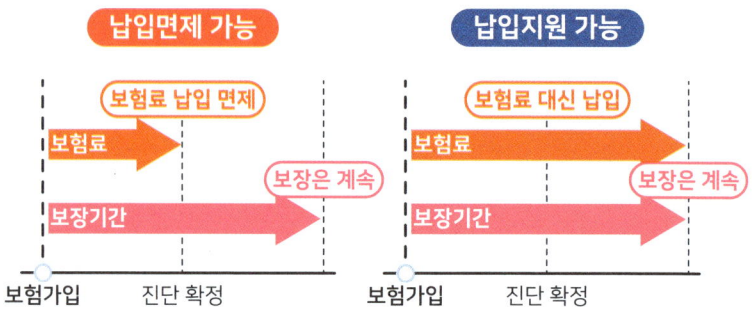

| 납입면제 기능

보험 상품을 선택할 때 고려해야 할 중요한 요소 중 하나는 바로 '보험료 납입면제' 기능이다. 이 기능은 많은 사람들이 간과하기 쉽지만, 장기적인 보험 설계에 있어 상당히 중요한 역할을 할 수 있다. 보험료 납입면제란 특정 조건이 충족될 경우, 이후의 보험료 납부 의무가 면제되면서도 보장은 계속 유지되는 혜택을 말한다. 즉, 보험료는 내지 않아도 되지만 보험 혜택은 그대로 받을 수 있는 것이다.

보험료 납입면제 특약을 추가하면 당연히 기본 보험료가 상승한다. 이로 인해 많은 소비자들이 보험료 부담을 줄이기 위해 이 특약을 제외하는 경우가 많다. 월 납입 보험료가 해당 특약가입으로 증가할 수 있기 때문에, 단기적인 관점에서는 부담스럽게 느껴질 수 있다. 하지만 장기적인 관점에서 보면, 이 특약은 매우 합리적인 선택이 될 수 있다.

보험료 납입면제의 가장 큰 장점은 예상치 못한 건강 문제가 발생했을 때 경제적 부담을 크게 줄여준다는 점이다. 일반적으로 납입면제 조건은 중대한 질병(암, 뇌졸중, 급성심근경색 등)의 진단이나 특정 등급 이상의 후유장해 발생 시 적용된다. 예를 들어, 30년 만기 보험에 가입한 후 10년째에 중대 질병이 발생했다면, 남은 20년 동안의 보험료를 납부하지 않아도 된다. 월 보험료가 10만 원이라고 가정하면, 총 2,400만 원의 보험료가 면제되는 효과가 있다. 이는 단순히 보험금을 받는 것 외에도 추가적인 경제적 혜택을 제공하는 것이다.

그러나 보험료 납입면제 특약을 고려할 때 주의해야 할 점이 있다. 첫째, 납입 기간과의 관계를 고려해야 한다. 보험료 납입 기간이 짧을수록(예: 10년 납) 납

2. 사회초년생(2030)
⑤ 납입면제 기능

입면제의 효용성은 떨어진다. 보험료를 모두 납부한 이후에는 면제 혜택을 받을 수 없기 때문이다. 반면, 납입 기간이 길수록(예: 20년 납, 30년 납 또는 종신납) 납입면제 특약의 가치는 증가한다. 따라서 납입면제 특약을 선택한다면, 가능한 납입 기간을 길게 설정하는 것이 유리하다.

둘째, 납입면제 조건을 정확히 이해해야 한다. 보험사마다, 상품마다 납입면제 조건은 다를 수 있다. 일부 상품은 특정 질병에 한해서만 납입면제를 적용하기도 하고, 또 다른 상품은 더 광범위한 조건에서 면제 혜택을 제공하기도 한다. 예를 들어, 일부 보험은 '3대 질병'(암, 뇌졸중, 급성심근경색)에 한해 납입면제를 적용하지만, 다른 보험은 더 많은 질병이나 상해까지 포함할 수 있다. 또한 장해 등급에 따른 면제 조건도 상품마다 다를 수 있으므로, 계약 전 면밀한 검토가 필요하다.

 최근 보험 시장에서는 전통적인 납입면제 특약 외에도 '보험료 납입지원 기능'을 제공하는 새로운 형태의 상품들이 출시되고 있다. 이 기능은 단순히 보험료 납입을 면제하는 것을 넘어, 보험사가 계약자 대신 보험료를 납입하고 그 금액을 별도로 적립해주는 방식이다. 즉, 보험사고 발생 시 보험료 납입 의무는 면제되면서, 동시에 보험사가 그 보험료에 해당하는 금액을 대신 납입해 적립해주는 구조다.

 이러한 보험료 납입지원 기능의 특징은 만기 시 추가적인 환급금이 발생할 수 있다는 점이다. 기존의 납입면제 특약은 단순히 보험료를 내지 않아도 되는 혜택만 제공했지만, 납입지원 기능은 그 금액이 적립되어 만기 시 환급받을 수 있다. 예를 들어, 보험사고로 납입지원 기능이 발동된 후 20년 동안 월 10만 원씩 적립되었다면, 만기 시 원금만 해도 2,400만 원의 추가 환급금을 받을 수 있다. 여기에 이자까지 포함되면 그 금액은 더 커질 수 있다.

이러한 납입지원 기능은 특히 저축성 보험이나 연금보험과 결합했을 때 더욱 효과적일 수 있다. 질병이나 상해로 경제활동이 어려워져 노후 자금 마련에 차질이 생길 수 있는 상황에서, 보험사가 대신 연금 보험료를 납입해주고 그 금액이 계속해서 적립된다면 노후 재정 안정에 큰 도움이 될 수 있기 때문이다.

물론 이러한 납입지원 기능도 기존의 납입면제 특약보다 더 높은 보험료를 지불해야 한다는 단점이 있다. 하지만 장기적인 관점에서 보면, 특히 젊은 나이에 가입하는 경우, 이러한 추가 비용은 제공받는 혜택에 비해 합리적일 수 있다. 또한 인플레이션을 고려할 때, 현재 가치로 납부하는 보험료보다 미래에 받게 될 혜택의 가치가 더 클 가능성이 높다.

보험료 납입면제 또는 납입지원 기능을 선택할 때는 자신의 재정 상황, 건강 상태, 나이, 그리고 장기적인 재무 계획을 종합적으로 고려해야 한다. 특히 가족 부양 의무가 있는 경우, 주 소득원의 건강 문제로 인한 경제적 타격을 대비하는 안전장치로서 이러한 특약은 더욱 중요하게 고려되어야 한다.

결론적으로, 보험료 납입면제 또는 납입지원 기능은 단기적으로는 보험료 부담을 증가시키지만, 장기적으로는 상당한 경제적 혜택을 제공할 수 있는 중요한 보험 요소다. 특히 납입기간이 긴 장기 보험에서는 이러한 특약의 가치가 더욱 빛을 발한다. 따라서 보험 가입 시 단순히 현재의 보험료 부담만 생각할 것이 아니라, 미래에 발생할 수 있는 위험과 그에 따른 경제적 영향을 고려하여 납입면제 또는 납입지원 기능의 추가를 신중하게 검토하는 것이 바람직하다.

3. 중장년(4060)
① 치매/간병보험

선택이 아닌 필수입니다

치매환자 1인당 연간비용 **총 관리 비용 2,060만 원**

- 직접 의료비: 1,099만 원
- 직접 비의료비: 673만 원
- 장기 요양비: 267만 원
- 간접비: 20만 원

출처 : 대한민국 치매현황 2021, 중앙치매센터 발표

치매는 환자와 돌봄가족에게 심각한 고통입니다.
보호자가 하루 10시간 이상, 약 10년을 간병할 수 있을까요?

장기 간병상태 원인
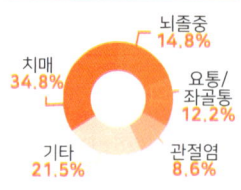
- 뇌졸중 14.8%
- 치매 34.8%
- 요통/좌골통 12.2%
- 관절염 8.6%
- 기타 21.5%

출처 : 노인장기요양보험

치매 환자 간병 시간
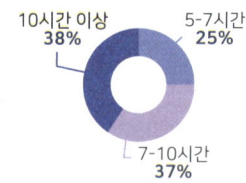
- 10시간 이상 38%
- 5-7시간 25%
- 7-10시간 37%

출처 : 대한치매학회

장기 간병 가장 걱정되는 것
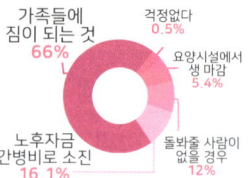
- 가족들에 짐이 되는 것 66%
- 걱정없다 0.5%
- 요양시설에서 생 마감 5.4%
- 돌봐줄 사람이 없을 경우 12%
- 노후자금 간병비로 소진 16.1%

출처 : 삼성생명 고객 패널 839명 조사

내 나이에 맞는 치매/간병 보험

치매 가족력이 있는 20대
20대도 가입가능한 치매간병보험

간병비보다 목돈을 받고 싶은 40대
경증 진단 시에도 보상 가능한 치매간병보험

간병비가 걱정인 50대
매월 일정 기간 생활비 지원해 주는 치매간병보험

고혈압 등 지병이 있는 60대
지병이 있어도 가입가능한 유병자 치매간병보험

뒤늦게 치매 걱정에 잠 못 자는 70대
75세도 가입 가능한 치매간병보험 확인

|치매/간병보험

현대 사회에서 치매는 개인과 가족 모두에게 큰 부담을 안겨주는 질환이다. 평균 수명이 늘어나면서 치매 환자 수도 지속적으로 증가하고 있어 이에 대한 대비가 필수적이다. 치매간병보험은 이러한 상황에 대비할 수 있는 중요한 금융상품이다.

예전의 치매보험은 단순히 치매 진단 시 일시금을 지급하는 형태에 국한되었다. 그러나 최근의 치매간병보험은 그 범위와 혜택이 확대되어 더욱 실용적인 상품으로 진화했다. 이제 치매간병보험은 치매뿐만 아니라 파킨슨병, 루게릭병 등 다양한 노인성 질환까지 보장한다. 또한 단순히 진단비만 지급하는 것이 아니라 간병비, 장기요양등급 판정 시 보험금 등 다양한 형태의 급여를 제공하고 있다. 이러한 변화로 치매간병보험은 실질적인 간병 부담을 덜어주는 든든한 안전망 역할을 한다.

치매간병보험의 주요 특징 중 하나는 국민건강보험의 장기요양등급과 연계된 보험금 지급 시스템이다. 많은 치매간병보험이 장기요양등급 1~5등급 판정 시 보험금을 지급하거나, 등급에 따라 차등 지급하는 방식을 채택하고 있다. 이는 실질적인 간병 필요도에 따라 경제적 지원을 받을 수 있게 해주어 매우 실용적이다. 특히 장기요양등급을 받을 경우 연금 형태의 보험금을 지급하는 상품도 있어 지속적인 간병비 부담을 덜어준다.

치매간병보험은 연령에 따라 가입 전략이 달라져야 한다. 30대는 일반적으로 치매 발병 위험이 낮지만, 가족력이 있다면 가입을 고려해볼 만하다. 부모나 조부모 중 치매 환자가 있었다면, 유전적 요인으로 인해 발병 위험이 높아질 수 있기 때문이다. 이런 경우 30대부터 가입하면 매우 저렴한 보험료로 평생 보장을

3. 중장년(4060)
① 치매/간병보험

받을 수 있다. 또한 젊은 나이에 가입하면 건강 심사도 쉽게 통과할 수 있어 보다 폭넓은 보장 내용의 상품을 선택할 수 있다.

40대와 50대는 치매간병보험 가입의 골든타임이다. 이 시기는 아직 보험료가 높지 않으면서, 은퇴와 노후에 대한 계획을 구체화하는 시기다. 특히 50대는 부모님의 간병 문제를 직접 경험하며, 간병의 현실적인 어려움을 체감하게 되는 경우가 많아 보험의 필요성을 절실히 느끼게 된다. 간병비가 본격적으로 염려되는 50대와 60대는 되도록 빨리 가입하는 것이 좋다. 이 시기에는 보험료가 높아지지만, 발병 가능성이 커지는 시기인 만큼 필요성도 커진다. 또한 건강 문제로 인해 가입이 제한될 수 있으므로, 건강할 때 서둘러 가입하는 것이 중요하다.

60대와 70대는 치매간병보험 가입이 제한적인 시기다. 많은 보험사들이 60대 중반 이후 신규 가입을 제한하며, 가능하더라도 보험료가 매우 높고 보장 내용이 제한적이다. 그러나 일부 보험사는 간소화된 심사나 특별 상품을 통해 고령자의 가입을 허용하기도 한다. 70대는 치매 등 중증질환에 대한 보장을 강화해 진단비 및 생활비를 준비하는 것이 좋다. 이미 다른 보험이나 자산으로 노후 준비가 되어 있다면, 그것을 활용해 간병 비용을 대비하는 계획을 세우는 것이 바람직하다.

치매간병보험을 선택할 때는 몇 가지 중요한 사항을 고려해야 한다. 첫째, 보장 범위를 확인해야 한다. 단순 치매만 보장하는지, 다른 노인성 질환도 함께 보장하는지 꼼꼼히 살펴야 한다. 둘째, 보험금 지급 조건을 확인해야 한다. 치매 진단 기준, 장기요양등급 연계 여부 등이 중요 포인트다. 셋째, 보험금 지급 방식을 살펴야 한다. 일시금인지, 연금 형태인지, 혼합형인지 자신에게 필요한 방식을 선택해야 한다. 넷째, 보험료 납입 기간을 확인해야 한다. 너무 오랜 기간 납입하면 총 납입액이 커질 수 있으므로 적절한 납입 기간을 선택하는 것이 중요하다.

또한 최근에는 경증치매부터 중증치매까지 단계별로 보장하는 상품들이 늘어나고 있다. 경증치매는 일상생활에 부분적인 도움이 필요한 상태로, 중증으로 진행되기 전 조기에 진단받고 적절한 치료와 관리를 받는 것이 중요하다. 이런 단계별 보장은 치매의 진행 과정에 따라 필요한 지원을 받을 수 있게 해준다. 치매간병보험이 중요한 또 다른 이유는 경제적 부담 완화와 함께 간병 방식의 선택권을 넓혀준다는 점이다. 충분한 보험금이 있다면 전문 간병인을 고용하거나 좋은 요양시설을 선택할 수 있어, 환자와 가족 모두의 삶의 질을 유지하는데 도움이 된다.

치매는 환자 본인뿐 아니라 가족에게도 큰 부담을 안겨주는 질환이다. 특히 장기간의 간병이 필요한 경우가 많아 경제적, 정신적 부담이 크다. 치매간병보험은 이러한 부담을 덜어주는 중요한 안전망이 될 수 있다. 자신의 연령과 건강 상태, 가족력을 고려해 가능한 빨리 가입하는 것이 유리하다. 젊은 시절부터 노년기의 건강과 간병 문제에 대비한다면, 삶의 마지막 순간까지 존엄성을 유지하고 가족에게도 부담을 줄일 수 있을 것이다.

최근의 치매간병보험은 단순히 치매뿐만 아니라 노인성 질환까지 폭넓게 보장하며, 진단비뿐 아니라 간병비, 장기요양등급 판정 시 보험금 등 다양한 혜택을 제공하고 있다. 이러한 변화는 치매간병보험의 실용성과 필요성을 더욱 높이고 있다. 건강한 노후를 위한 준비, 지금부터 시작해보는 것이 최선의 선택이다.

3. 중장년(4060)
② 자동차보험 가입 꿀팁

자기신체손해 vs 자동차상해

교통사고 시 단독사고(차대차 아닌 경우)이거나
가해자가 본인 과실이 많아 상대방의 자동차 보험으로
충분한 보상이 어려울 때 보상받을 수 있는 특약

자기신체사고
부상등급에 따른 치료비 보상
자손

자동차상해담보
치료비 휴업에 따른 손해/위자료도 지급
자상

※ 자손, 자상 동시 가입은 불가

자손과 자상의 차이점

자기신체사고		자동차상해
보상불가	위자료	보상가능
보상불가	휴업손해	보상가능
1-14급 급수에 따라 한도 내 보상	발생치료비	급수와 상관없이 한도 내 보상
보상불가	동승자보상	보상가능
본인과실 부분만 보상	과실상계	과실비율 상관없이 보상

|자동차보험 가입 꿀팁

자동차보험의 기본 구조

 사회생활을 시작하면서 많은 사람들이 이동의 편리함을 위해 자동차를 구매하게 된다. 자동차를 소유하면 반드시 해야 하는 것이 자동차보험 가입이다. 자동차보험은 교통사고로 인한 경제적, 신체적 손해에 대비하기 위한 필수 안전장치이며, 우리나라에서는 자동차손해배상보장법에 따라 모든 자동차 소유자가 의무보험에 가입해야 한다.

 자동차보험은 크게 의무보험과 임의보험으로 구분된다. 의무보험은 법적으로 가입이 강제되는 최소한의 보장이며, 임의보험은 추가적인 보장을 위해 선택적으로 가입하는 보험이다. 많은 운전자들이 보험료 부담을 줄이기 위해 의무보험만 가입하려 하지만, 실제 사고 발생 시 의무보험만으로는 충분한 보상을 받기 어려운 경우가 많다. 따라서 적절한 임의보험 가입은 운전자 자신과 가족을 보호하기 위해 매우 중요하다.

 의무보험은 대인배상 I (책임보험)과 대물배상(2천만 원 한도)으로 구성된다. 대인배상 I 은 사고로 타인이 부상하거나 사망했을 때 보장하는 보험으로, 최대 보장 한도는 1억 5천만 원이다. 대물배상은 타인의 재산 피해를 보장하며, 기본 한도는 2천만 원이다. 의무보험에 가입하지 않으면 1년 이하 징역 또는 1천만 원 이하 벌금이 부과되며, 과태료도 발생할 수 있다. 또한 미가입 상태에서 사고가 발생하면 모든 손해를 본인이 부담해야 한다.

 임의보험은 의무보험을 초과하는 보장을 목적으로 가입한다. 주요 항목으로는 대인배상 II, 대물배상 확대, 자기차량손해(자차), 자기신체사고(자손), 자동차상

3. 중장년(4060)
② 자동차보험 가입 꿀팁

해(자상), 무보험자동차상해 등이 있다. 대인배상Ⅱ는 대인Ⅰ의 한도를 초과하는 인적 손해를 무한 보장하고, 대물배상 확대는 물적 피해를 2천만 원 이상까지 보장한다. 자기차량손해는 본인 차량 수리를 보장하는 항목이다.

특히 자손(자기신체사고)과 자상(자동차상해)은 운전자 본인과 탑승자의 신체 손해를 보장하는 중요한 특약이다. 두 가지는 동시에 가입할 수 없으며, 하나만 선택해야 한다.

자손은 정액 지급 방식으로, 보험 약관에 정해진 금액만큼 치료비나 위자료를 보장한다. 과실 여부와 관계없이 일정 금액을 지급하며, 보험료가 저렴하고 지급이 빠른 편이다. 반면 자상은 실손 보상 방식으로, 실제 치료비, 위자료, 휴업손해, 간병비까지 포괄적으로 보장한다. 다만 보험료가 자손 대비 10~20% 정도 비싸고, 보상까지 시간이 다소 걸릴 수 있다.

실제 사례를 보면, 자손을 선택한 이모 씨는 교차로 사고로 큰 부상을 입었으나 정액 지급 한도에 묶여 실제 발생한 치료비와 소득 손실을 충분히 보상받지 못했다. 반면 자상을 선택한 박모 씨는 같은 사고 상황에서 치료비뿐 아니라 입원 기간 동안의 소득 손실과 재활치료 비용까지 보장받아 경제적 부담을 크게 줄일 수 있었다.

자손과 자상 중 어떤 것을 선택할지는 개인의 운전 패턴, 경제적 상황, 직업 특성, 다른 보험 가입 여부 등을 종합적으로 고려해야 한다. 특히 고속도로 주행이 많거나 위험 지역을 자주 운전하는 경우라면 자상 가입이 바람직하다. 또한 보험료 갱신에 따른 인상 가능성까지 염두에 두고 상품을 선택해야 한다.

자동차보험은 단순한 비용이 아니라 운전자와 가족의 안전을 위한 투자이다. 특히 자손과 자상은 사고 발생 시 운전자 본인의 삶을 좌우할 수 있는 중요한 선택지가 되므로, 충분한 이해와 신중한 선택이 필요하다.

자동차 사고 시 보험료 인상 요인

보험료가 올라가는 경우, 이렇게 이해하세요!

 자동차보험은 단순히 가입하고 끝나는 것이 아니라, 사고 발생 이후의 보험료 인상 구조도 잘 이해하고 있어야 한다.
 많은 운전자들이 "왜 보험료가 갑자기 올랐는가"에 대해 혼란을 느끼는데, 이는 사고에 따른 보장 내역, 손해율, 할인·할증 조건 등이 반영되어 보험료가 자동 조정되기 때문이다.

 보험료가 인상되는 주요 요인은 크게 두 가지이다.
 첫째는 사고로 인해 보험료 할인이나 특약 비율이 빠지기 때문이다.
사고가 나면 보험금(수리비, 대인·대물 보상 등)이 지급되고, 이에 따라 할인 혜택이 사라지면서 보험료가 할증되는 구조이다.

 둘째는 최근 3년간 사고 발생 이력이 보험료 할증에 반영되기 때문이다.
기본 보험료 외에, 과거 3년 동안 사고가 있었는지 여부에 따라 보험사는 '무사고 할인' 혹은 '사고 이력 할증'을 적용한다.
 특히, 최근 3년간 무사고였다가 사고가 발생하면, 기존에 적용되던 무사고 할인 혜택이 사라지고 추가 할증이 더해져 보험료가 더 크게 오를 수 있다.

3. 중장년(4060)
② 자동차보험 가입 꿀팁

요약하자면, '사고에 따른 보험금 지급'과 '최근 3년간의 사고 횟수'라는 두 가지 요소가 보험료 인상에 동시에 작용하게 되는 것이다.

보험료 할증, 예를 들어 볼게요!

다음은 매년 50만 원의 보험료를 내던 고객이 사고로 인해 100만 원을 보상받았을 때, 보험료가 어떻게 인상되는지를 보여주는 예시이다.

상황	내용
물적 사고 기준 금액이 큰 경우 (200만 원)	- 사고 금액이 기준보다 작아서 사고 횟수만 보고 보험료를 조정해요 - 무사고 할인 혜택이 사라지고, 약 10% 정도 보험료가 올라요
물적 사고 기준 금액이 작은 경우 (50만원)	- 사고 금액이 기준을 넘어서서 사고 내용도 보고, 사고 횟수도 봅니다 - 보험료 할증이 더 크게 적용돼요(약 15% 이상 오를 수 있어요)

표를 통해 알 수 있듯이, 보험사는 사고의 금액과 횟수 기준을 함께 고려하여 보험료 인상 여부를 판단한다.

사고 금액이 일정 기준(예: 200만 원)을 넘으면 할증이 더 크게 적용되고, 사고가 반복되면 무사고 할인 혜택이 사라지면서 보험료는 더 높아질 수 있다.

※ 실제 보험료 변동은 개인의 보험 등급, 사고 경력, 가입한 보험사 정책 등에 따라 달라질 수 있으므로 예시 수치는 참고용으로만 이해하는 것이 바람직하다.

1 생애주기별 보험상품 가입 방법

3. 중장년(4060)
③ 여성이 많이 걸리는 질환

유방 질환

- **유방암**
  국내 여성 암 발병률 1위인 유방암은 전체 여성의 5명 중 1명이 발생하는 수치로 매우 높으며 30-40대 발병률이 높다. 늦어진 결혼 및 출산, 식습관 영향으로 환자는 증가 추세

- **유방섬유선종**
  유방 종양 중 가장 흔한 종양으로 20대 초반 여성에게 흔히 발생

위 및 관절염

- **위염**
  과식, 자극성 음식 섭취, 흡연, 과음 등이 원인으로 속 쓰림, 소화불량, 명치끝 통증, 경련, 복부 팽만감 등을 호소

- **위암**
  30-40대 여성 환자가 늘고 있으며 조기 발견이 어렵고 전이가 빠름

- **류마티스관절염**
  폐경 후 호르몬 감소로 골밀도가 낮아져서 환자 80% 이상이 여성

기타 발병률이 높은 질환

- **각막염, 결막염**
  최근 20-30대 여성의 렌즈 착용 등으로 발병률 증가 추세

- **갑상선 기능항진증**
  50대에게 흔한 질병으로, 유전적 원인이 크며 피로감, 두근거림, 손떨림, 신경과민, 불면 등 증세를 보임

- **골다공증**
  여성이 남성보다 13.4배 발병률이 높으며 폐경 이후 여성에게 많이 발병

어지럼증

- **빈혈**
  생리, 임신, 출산 등을 원인으로 여성에게 주로 나타나는 질환

- **어지럼증, 편두통**
  50대 이상 여성에게 가장 많이 나타나며 (국민건강보험공단, 2015) 수면장애, 스트레스, 월경, 폐경 등이 원인

심혈관질환

- **심근경색증**
  여성의 사망원인이 암보다 높은 1위를 차지. 폐경 이후 에스트로겐 분비가 줄어들면서 심혈관질환이 급격히 증가

- **협심증**
  폐경 이후 급증하며 흡연, 고혈압, 당뇨병, 비만 등이 원인

여성 생식기 질환

- **자궁경부암**
  여성 암 중 발병률 2위로 최근 20~30대 여성에게 많이 발생

- **골반염**
  여러 원인으로 인한 감염으로 자궁 내막염, 난관암, 난소암 등 염증이 발생하며 심할 경우 난임 위험

- **자궁내막증**
  증상으로 심한 생리통, 생리불순, 복부 통증 등을 호소

- **난소낭종(물혹)**
  난소에 생기는 흔한 종양으로 주로 가임 여성의 배란 과정에서 발생

|여성이 많이 걸리는 질환

여성에게 특히 주의가 필요한 질병들은 신체적 특성과 호르몬 변화로 인해 다양하게 나타난다. 여성 특정 암인 유방암, 난소암, 자궁경부암은 가장 주의해야 할 질병이다. 유방암은 한국 여성들에게 가장 흔한 암 중 하나로, 가족력이 있을 경우 발병 위험이 증가한다. 조기 발견이 치료 결과를 크게 좌우하므로 정기적인 검진이 필수적이다. 자궁경부암은 인유두종바이러스(HPV) 감염과 밀접한 관련이 있어 백신 접종이 예방에 중요하다. 난소암은 초기 증상이 모호해 발견이 어렵지만, 복부 팽만감, 소화불량, 골반 통증 등이 지속될 경우 검진을 받아보는 것이 좋다.

폐경 후에는 에스트로겐 감소로 인해 골다공증과 심혈관 질환 발병 위험이 높아진다. 골다공증은 골밀도 저하로 골절 위험이 증가하는 질환이며, 심혈관 질환은 고혈압, 동맥경화, 심근경색 등으로 나타날 수 있다. 이러한 질환들은 폐경 이후 급격히 증가하므로 특별한 관리가 필요하다.

자궁 및 난소 관련 질환도 여성에게 흔하게 발생한다. 자궁근종은 30-40대 여성에게 매우 흔하며, 크기가 커지면 과다 출혈, 골반 통증, 불임 등을 유발할 수 있다. 다낭성 난소 증후군(PCOS)은 호르몬 불균형으로 배란이 제대로 이루어지지 않는 질환으로, 생리 불순, 체중 증가, 다모증 등의 증상을 동반한다.

갑상선 질환과 빈혈도 여성에게 흔한 건강 문제이다. 갑상선 기능 항진증(그레이브스병)이나 기능 저하증(하시모토 갑상선염)은 피로, 체중 변화, 탈모, 정서적 불안정 등을 일으킨다. 철결핍성 빈혈은 생리로 인한 철분 손실로 발생하기 쉬우며, 만성적인 피로와 면역력 저하를 초래할 수 있다.

3. 중장년(4060)
③ 여성이 많이 걸리는 질환

여성은 호르몬 변화로 인해 우울증, 불안장애, 갱년기 우울증 등 정신 건강 문제에도 취약하다. 특히 한국 여성들에게서 나타나는 화병(홧병)은 억압된 감정과 스트레스가 두통, 소화불량, 불면증 등의 신체적 증상으로 표출되는 정신·신체 질환이다.

이러한 여성 건강 문제는 대부분 장기적인 관리와 치료가 필요하므로, 경제적 부담을 줄이기 위해 여성 특화 보험 특약을 고려하는 것이 중요하다. 여성 암 보장 특약은 유방암, 자궁경부암, 난소암 등의 진단비를 보장하며, 일시금을 지급해 치료비와 생활비 부담을 경감시킨다. 일부 특약은 수술비, 방사선 치료비, 항암 치료비까지 보장한다. 고액암과 일반암을 구분하여 보장 금액이 달라지는 경우가 있으므로, 가입 시 보장 범위를 꼼꼼히 확인해야 한다.

골다공증 및 근골격계 질환 보장 특약은 골밀도 검사비, 골다공증 치료비, 골절 수술비 등을 보장하여 폐경 후 발생할 수 있는 경제적 부담을 덜어준다. 특히 고관절 골절은 장기적인 재활 치료가 필요할 수 있어 이에 대한 보장이 중요하다. 여성에게 흔한 무릎관절염 등의 근골격계 질환 보장 특약도 고려할 만하다.

여성 질환(자궁·난소) 보장 특약은 자궁근종, 자궁내막증, 다낭성 난소 증후군 등의 치료비를 보장하며, 입원비, 수술비, 치료비 등을 지원한다. 일부 특약은 불임 치료 지원까지 포함하고 있어 임신을 준비하는 여성들에게 유용하다.

갑상선 질환 보장 특약은 갑상선암 진단비 및 치료비를 보장하며, 갑상선 기능 이상 치료비를 지원하는 경우도 있어 만성적인 관리가 필요한 여성들에게 도움이 된다. 정신 건강 관련 특약은 우울증, 공황장애, 불안장애 등의 치료비를 보장하며, 스트레스성 질환에 대한 보장도 포함될 수 있다.

임신을 계획하고 있는 여성이라면 난임 치료비, 임신 중 입원비, 산후 회복 지원이 포함된 보험을 고려하는 것이 좋다. 임신 중 합병증에 대한 보장과 출산 후 산후 우울증 치료비를 지원하는 특약도 있으므로, 임신 전부터 적절한 보장을 준비하는 것이 중요하다.

3. 중장년(4060)
④ 신체 부위별 암 진단코드

두경부암
혓바닥(C01), 혀(C02), 잇몸(C03), 입바닥(C04), 구개(C05),입(C06), 귀밑샘(C07), 턱밑샘(C08), 편도(C09), 입인두(C10), 비인두(C11), 이상동·이상와(C12), 하인두(C13), 기타(C14), 비강및중이(C30), 눈및부속기(C69)

뇌암 및 중추신경계통암
수막(C70), 뇌(C71), 뇌 및 뇌막의 이차성(C79.3), 척수,뇌신경 및 중추 신경계통의 기타 부분(C47.8) , 신경계통의 기타 및 상세불명 부분의 이차성(C79.4)

관절연골·피부 등 전신부위암
팔다리뼈(C40), 얼굴뼈 및 척추,가슴뼈, 골반뼈(C41), 피부(C43)

비뇨기관·부신암 및 내분비선 암
신우를 제외한 신장(C64), 신우(C65), 방광(C67), 상세불명의 비뇨기관(C68), 부신(C74), 내분비선 및 관련 구조물(C75), 신장 및 신우의 이차성(C79.0), 기타 및 상세불명 비뇨기관의 이차성(C79.18), 유방의 이차성(C79.8), 부신의 이차성(C79.7)

담관·담낭·담도암 및 췌장암
담관(C22), 담낭(C23), 담도 및 기타(C24),간 및 간내 담관의 이차성(C78.7), 췌장의 이차성(C78.81)

흉곽내기관 중피성암·연조직암
후두(C32), 기관(C33), 기관지 및 폐(C33), 심장, 종격 및 흉막(C38), 중피종(C45), 카포시육종(C46), 기타 및 부위불명의 호흡기 및 흉곽내 기관(C39), 말초신경 및 자율신경계통(C47), 후복막 및 복막(C48), 기타결합조직 및 연조직(C49), 폐의 이차성(C78), 종격의 이차성(C78.1), 흉막의 이차성(C78.2), 기타 및 상세불명의 호흡기관의 이차성(C78.3),후복막 및 복막의 이차성(C78.6)

난소암
난소(C56), 난소의 이차성(C79.6)

소장·대장·항문암 및 기타암
소장(C17), 결장(C18), 직장구불결장접합부(C19), 직장(C20), 항문 및 항문관(C21), 기타 및 부위불명(C26), 소장의 이차성(C78.4), 대장 및 직장의 이차성(C78.5), 비장의 이차성(C78.82), 기타 소화기관의 이차성(C78.88), 상세불명의 소화기관의 이차성(C78.89)

자궁암
자궁경부(C53), 자궁체부(C54), 자궁의 상세불명 부분(C55)

혈액암
호지킨림프종(C81), 소포성림프종(C82), 비소포성림프종(C83), 성숙T/NK 세포림프종(C84.9), 기타 및 상세불명 유형의 비호지킨림프종(C85.9), 악성 면역증식성(C88), 다발골수증 및 악성형질세포(C90), 림프성 백혈병(C91), 골수성 백혈병(C92), 단핵구성 백혈병(C93), 명시된 세포형의 기타 백혈병(C94), 상세불명 세포형의 백혈병(C95), 림프, 조혈 및 관련 조직의 기타 및 상세불명(C96), 진성 적혈구증가증(D45), 골수형성이상증(D46), 만성 골수증식 질환(D47.1), 본태성 혈소판혈증(D47.3), 골수섬유증(D47.4), 만성 호산구성 백혈병(D47.5)

여성생식기암
질(C52), 생식기관의 이차성(C79.81), 상세불명의 여성생식기관(C57), 태반(C58)

위암 및 식도암
식도(C15), 위(C16), 위의 이차성(C78.8)

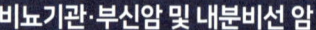

신체 부위별 암 진단코드

　암은 현대 사회에서 가장 흔하게 발생하는 질병 중 하나로, 누구나 발병할 가능성이 있는 질환이다. 통계에 따르면 남성의 연령표준화 발생률은 10만 명당 592.2명, 여성은 10만 명당 485.1명으로, 남성이 여성보다 암 발생률이 높지만, 여성도 결코 암에 대한 대비를 소홀히 할 수 없다. 실제로 남성은 5명 중 2명(37.7%), 여성은 3명 중 1명(34.8%)이 암에 걸릴 확률이 있을 정도로 암 발생 가능성이 높다.

　연령별로도 암 발생 패턴이 다르게 나타난다. 0-14세 아동의 경우 남녀 모두 백혈병이 가장 흔하게 발생하는 암이다. 15-34세 청년층에서는 여성은 갑상선암, 남성은 대장암과 백혈병이 높은 발생률을 보인다. 35-64세 중장년층에서는 여성은 유방암, 남성은 대장암이 가장 많이 발생한다. 65세 이상 노년층에서는 남성은 전립선암과 폐암, 여성은 대장암과 폐암이 주로 발생하는 경향이 있다.

　이러한 통계는 암의 발생 패턴을 이해하고, 각 연령대에서 주의해야 할 암종을 파악하는 데 도움을 준다. 또한, 암 치료는 장기적인 과정이 될 가능성이 높아 충분한 경제적 대비가 필요하다. 암 보험을 통해 진단비, 치료비, 입원비, 수술비, 항암치료비, 재활치료비까지 폭넓게 보장받는 것이 중요하다.

　암 치료에는 막대한 비용이 들며, 치료 과정이 길어질수록 경제적 부담이 더욱 커진다. 암 진단 이후에는 초기 검사 및 진단비, 수술 및 항암치료비, 입원비 및 통원치료비, 재활 치료 및 후유증 치료비, 말기암 치료비 및 완화의료 비용 등 다양한 비용이 발생한다. 따라서 암 보험을 가입할 때 암종별 보장, 치료 방법별 보장, 치료기관별 보장 내용을 꼼꼼히 확인해야 한다.

3. 중장년(4060)
④ 신체 부위별 암 진단코드

암은 종류에 따라 치료 방식과 생존율이 다르므로, 암보험에서도 특정 암종을 중점적으로 보장하는 특약을 고려할 필요가 있다. 남성의 주요 암종인 폐암은 진단비 지급이 크며, 진행 속도가 빠르므로 수술비와 방사선 치료 보장이 중요하다. 전립선암은 전립선 절제술, 호르몬 치료 등에 대한 보장이 필요하다. 대장암은 대장 절제술, 항암치료, 장루(인공항문) 설치 비용까지 포함된 보험이 유리하다.

여성 주요 암종인 유방암은 조기 발견 시 생존율이 높지만, 재발률도 높아 재진단비 보장이 필요하다. 갑상선암은 비교적 생존율이 높으나, 수술 후 갑상선호르몬제를 평생 복용해야 하므로 추가 치료비 지원 특약이 유용하다. 여성에게도 대장암은 장루 수술이 필요한 경우가 많으므로 수술비 및 재활 치료 보장을 고려해야 한다.

남녀 공통적으로 유의해야 할 암으로는 위암, 간암, 췌장암이 있다. 위암은 위 절제술 및 방사선 치료 비용 보장이 필요하며, 간암은 간 이식이 필요한 경우가 많아 이식 수술비 보장 여부를 확인해야 한다. 췌장암은 치료가 어렵고 진행이 빠르므로 말기암 치료비와 완화의료(호스피스) 보장까지 고려해야 한다. 특정 암종의 보장을 강화한 보험 상품을 선택하면, 암 진단 후 경제적 부담을 줄이고 보다 효과적으로 치료받을 수 있다.

암 치료는 수술, 방사선 치료, 항암제 치료, 면역치료, 표적치료 등 다양한 방식으로 진행된다. 보험 상품을 선택할 때, 치료 방법별로 어떤 보장이 포함되는지 반드시 확인해야 한다. 암 치료 과정에서 수술이 필수적인 경우가 많으며, 특히 위암, 대장암, 유방암, 폐암 등은 수술 후 재활치료가 필요할 수 있다. 일부 보험은 수술 횟수에 따라 보장금액이 달라질 수 있으므로 수술비 한도 및 횟수 제한 여부를 체크해야 한다.

 방사선 치료는 유방암, 전립선암, 갑상선암 등에서 흔히 사용되며, 1회당 치료비가 비쌀 수 있다. 항암 치료(화학요법) 비용은 매우 높으며, 보험에서 1회당 지급액과 횟수 제한 여부를 확인해야 한다. 최근 암 치료에서 표적항암제와 면역항암제가 효과적인 치료법으로 자리 잡고 있다. 표적치료제는 고가의 약품이 많아 보험에서 보장하지 않으면 환자 부담이 클 수 있다. 면역치료 역시 건강보험에서 일부만 지원하므로, 추가적인 보험 보장이 필요하다.

3. 중장년(4060)
⑤ 경험생명표

경험생명표란?
보험에 가입한 고객들의 연령별 생존 및 사망 수치를 분석하여 보험사에서 연금액 및 보험료 산출 자료 가능 통계자료

  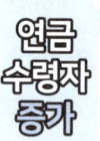 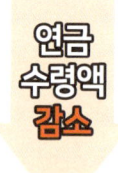

✓ 종신연금은 가입시점 경험생명표를 적용합니다. 경험생명표 기준으로 연금적 립금을 나누어 지급한다.

경험생명표에 따른 평균수명 추이

회차	시행시기	평균수명(남)	평균수명(여)
1회	1989년 도입	65.75세	76.65세
2회	1992년	67.16세	76.78세
3회	1997년	68.39세	77.94세
4회	2002년	72.32세	80.9세
5회	2006년 4월	76.4세	84.4세
6회	2009년 10월	78.5세	85.3세
7회	2012년 7월	80세	85.9세
8회	2015년 4월	81.4세	86.7세
9회	2019년 7월	83.5세	88.5세
10회	2024년 4월	86.3세	90.7세

| 경험생명표

　우리는 점점 더 오래 살아가는 시대에 살고 있다. 의학 기술의 발전과 생활 환경의 개선으로 평균 수명은 지속적으로 늘어나고 있으며, 많은 전문가들은 100세를 넘어 110세, 심지어 120세까지 사는 초장수 시대가 도래할 것으로 전망하고 있다. 이러한 상황에서 은퇴 후 안정적인 노후 생활을 위한 연금 상품의 중요성은 그 어느 때보다 커지고 있다. 특히 연금 상품을 선택할 때 주목해야 할 핵심 요소 중 하나가 바로 '경험생명표'이다.

　경험생명표는 보험회사가 보험 상품 설계 및 보험료 산정에 활용하는 사망률 통계 자료로, 쉽게 말해 보험사에서 정한 평균 수명과 같은 개념이다. 이 표는 과거의 사망률 데이터를 기반으로 미래의 사망 확률을 예측한 것으로, 연령별, 성별에 따른 사망률과 기대 수명을 보여준다. 보험회사는 이 경험생명표를 기반으로 보험료와 보험금을 계산하며, 특히 연금 상품의 경우 지급 기간과 금액을 결정하는 핵심 근거로 활용한다.

　경험생명표가 연금 상품 선택에 있어 중요한 이유는 바로 '적용 시점'에 있다. 연금보험 상품은 계약 체결 시, 즉 가입 시점의 경험생명표를 적용하여 연금액이 산정된다. 이는 매우 중요한 특성인데, 그 이유를 구체적인 예를 통해 살펴보자.

　만약 40세인 A씨가 오늘 연금보험에 가입하고, 65세부터 연금을 수령할 계획이라고 가정해보자. A씨가 연금을 실제로 받기 시작하는 시점은 25년 후가 된다. 25년이라는 시간 동안 의학 기술은 더욱 발전하고, 생활 환경은 개선되어 평균 수명은 지금보다 더 늘어날 가능성이 높다. 실제로 통계청 자료를 보면, 1970년 남성의 기대수명은 58.7세, 여성은 65.6세였지만, 2020년에는 남성

3. 중장년(4060)
⑤ 경험생명표

80.5세, 여성 86.5세로 50년 만에 20년 이상 증가했다. 이런 추세라면 25년 후 평균 수명은 현재보다 더 길어질 것이다.

 일반적으로 보험회사는 평균 수명이 늘어날 때마다 경험생명표를 업데이트 한다. 이 업데이트된 경험생명표를 적용받는 신규 연금 가입자들은 기존 가입자들보다 불리한 조건으로 연금을 설계받게 된다. 왜냐하면 평균 수명이 늘어난 만큼 보험회사가 연금을 지급해야 하는 기간도 길어지기 때문에, 동일한 납입금액 대비 월 연금액은 감소하는 경향이 있다.

 그러나 이미 연금보험에 가입한 사람들은 가입 당시의 경험생명표를 계속 적용받는다는 점이 핵심이다. 즉, A씨가 오늘 가입한 연금보험은 25년 후 연금 수령을 시작할 때도 오늘의 경험생명표를 기준으로 연금을 받게 된다. 이는 A씨에게 상당한 이점이 될 수 있다. 왜냐하면 25년 후의 실제 평균 수명은 현재 예측된 수명보다 더 길어졌을 가능성이 높지만, A씨는 오늘의 예측된 수명을 기준으로 연금을 받기 때문이다. 결과적으로 A씨는 예상보다 더 오래 살면서 더 많은 연금을 수령할 가능성이 높아진다.

 이러한 특성은 연금보험을 다른 금융 상품과 차별화하는 중요한 요소다. 예를 들어, 은행의 적금이나 펀드 상품으로 노후 자금을 준비한다면, 은퇴 시점에서 모아둔 원금과 이자를 기반으로 스스로 연금처럼 관리해야 한다. 이 경우 본인이 예상보다 오래 살게 되면 자금이 조기에 소진될 위험이 있다. 반면 연금보험은 가입자가 얼마나 오래 살든 상관없이 사망할 때까지 지속적으로 연금을 지급하므로, 소위 '장수 리스크'를 보험회사가 부담하게 된다.

 또 다른 관점에서, 경험생명표는 연금보험의 '조기 가입 효과'를 강화한다. 나이가 들수록 경험생명표 상의 기대수명은 짧아지므로, 동일한 납입금액 대비 받게 되는 연금액은 감소한다. 예를 들어, 30세에 가입하는 경우와 50세에 가입하는 경우, 납입하는 총 보험료가 같더라도 30세에 가입한 사람이 월 연금액이 더 많을 수 있다. 이는 단순히 납입 기간의 차이 때문만이 아니라, 적용받는 경험생명표의 차이도 영향을 미친다.

 현재 우리나라는 빠르게 초고령 사회로 진입하고 있으며, 노후에 대한 불안감은 커지고 있다. 국민연금만으로는 충분한 노후 소득을 보장받기 어려운 상황에서, 개인 차원의 연금 준비는 필수적이다. 이런 상황에서 경험생명표의 특성을 이해하고 연금보험에 일찍 가입하는 것은 장기적으로 안정적인 노후 소득을 확보하는 현명한 전략이 될 수 있다.

 물론 연금보험이 모든 사람에게 적합한 선택인 것은 아니다. 개인의 재정 상황, 투자 성향, 건강 상태 등에 따라 적합한 노후 대비 방법은 달라질 수 있다. 하지만 평균 수명이 계속 늘어나고 있는 현 시점에서, 경험생명표의 특성을 활용한 연금보험은 장수 리스크에 대비하는 효과적인 방법 중 하나임은 분명하다.

3. 중장년(4060)
⑥ 변액보험 다양한 옵션 기능

펀드 자동재배분 기능

계약자 적립금을 계약체결 시 또는 계약변경 시
선택한 펀드비율로 자동 변동해 주는 기능

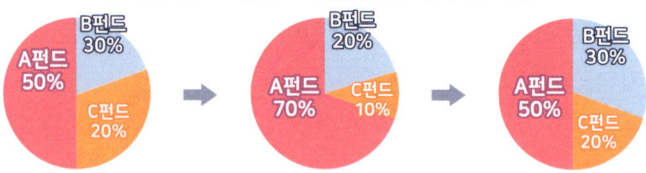

✓ 펀드 자동재배분기능은 변동성이 클 때 효과가 크다.

최저보증 옵션

최저 보험금을 보증해 주는 변액보험의 옵션 기능

변액보장성상품	변액저축성상품(변액연금)
GMDB	GMDB | GMAB

※ GMDB : 최저사망보험금보증 / GMAB : 최저적립금보증

✓ 가입한 상품의 보증옵션 기능을 파악한다.
(다양한 보증옵션 기능이 존재, 보증옵션수수료 파악)

중도인출 및 추가납입

변액보험의 유니버셜 기능이 있는 상품은 중도인출 및 추가납입이 가능

변액보장성상품	변액저축성상품(변액연금)
100%	200%

↓ 시장이 안 좋을 때는 **수량 늘리기 전략**

투입금액	1,000	1,000	1,000	1,000	1,000
기준가	1,000	800	600	800	1,000
수량	1,000	1,200	1,400	1,200	1,000

(환매)

시장이 좋을 때는 **수익률 확정 전략**

투입금액	1,000	1,000	1,000	1,000	1,000
기준가	800	1,000	1,200	1,000	800
수량	1,200	1,000	800	1,000	1,200

(환매)

|변액보험 다양한 옵션 기능

현대 사회에서 노후 대비는 더 이상 선택이 아닌 필수가 되었다. 기대수명이 증가함에 따라 은퇴 후 생활기간이 길어지고 있으며, 이에 따라 충분한 노후 자금 확보가 필수적이다. 그러나 국민연금만으로는 안정적인 노후 생활을 보장받기 어렵고, 물가 상승과 의료비 부담 증가 등을 고려하면 개인 차원의 추가적인 연금 준비가 필수적이다. 연금 준비는 단순히 자금을 모으는 것이 아니라, 생애주기에 맞춰 적절한 자산 배분과 투자 전략을 세우는 것이 중요하다. 연령별로 재정 상황과 투자 목표가 다르기 때문에, 각 연령대별 특징에 맞는 연금 준비 전략을 수립하는 것이 필요하다.

20대는 사회 초년생으로 소득이 적지만, 가장 큰 자산인 '시간'을 보유하고 있다. 이 시기에 연금 준비를 시작하면 복리 효과로 인해 적은 금액으로도 큰 노후 자금을 마련할 수 있다. 연금저축 상품 가입 시 세액공제 혜택을 받을 수 있어 절세 효과를 누릴 수 있다. 초기에는 공격적인 투자 전략을 활용하여 높은 성장 가능성이 있는 변액연금보험과 같은 투자형 연금 상품을 활용하는 것이 효과적이다. 20대부터 연금 준비를 시작하는 것은 미래의 재정적 안정을 위한 현명한 선택이다.

30대는 가정을 이루고 자녀를 양육하며 주택 구입을 고려하는 시기로, 재정적 부담이 커지는 시기이다. 자녀 교육비와 주택 확장 비용이 증가하지만, 동시에 소득도 증가하므로 연금저축을 증액하는 것이 필요하다. 30대 중반부터는 본격적으로 은퇴 준비를 시작해야 하며, 장기적인 자산 배분을 고려해야 한다. 연금저축, 개인형 IRP, 변액연금보험 등을 활용하여 다양한 투자 포트폴리오를 구축하는 것이 바람직하다.

3. 중장년(4060)
⑥ 변액보험 다양한 옵션 기능

　40대는 소득이 정점에 이르는 시기로, 자녀의 대학 등록금과 결혼 자금 등 큰 지출이 발생하는 시기이다. 하지만 동시에, 은퇴 준비의 마지막 기회이기도 하다. 연금상품에서 높은 수익을 기대하려면 최소 10년 이상의 투자 기간이 필요하므로, 40대는 적극적으로 연금 자산을 확대해야 한다. 위험과 수익의 균형을 맞추기 위해 변액연금보험을 활용하는 것도 좋은 전략이 될 수 있다. 체계적인 재무 계획을 세워 노후 준비를 가속화해야 하는 중요한 시기이다.

　50대는 은퇴를 앞두고 있어 안정적인 현금 흐름을 계획하는 것이 중요한 시기이다. IRP와 연금저축계좌를 활용해 연간 수령액을 조절하고, 세제 혜택을 극대화할 필요가 있다. 공격적인 투자에서 안정적인 투자로 전환해야 하며, 변액연금보험의 보증 옵션을 적극 활용하는 것도 좋은 방법이다. 이 시기에는 은퇴 준비를 완료하고, 자산 보존에 중점을 두어야 한다.

　이러한 연령별 연금 준비 과정에서 변액연금보험은 매우 유용한 도구가 될 수 있다. 변액연금보험은 납입한 보험료의 일부로 펀드에 투자하여 수익을 창출하는 상품으로, 장기적으로 물가 상승률을 넘어서는 수익률을 기대할 수 있다. 변액연금보험은 일반적인 확정금리형 연금보험과 달리, 보험료의 일부가 펀드(주식형, 채권형, 혼합형 등)에 투자되므로 투자 수익률에 따라 연금 지급액이 달라지는 상품이다. 변액연금보험은 장기적인 운용을 통해 물가 상승을 초과하는 실질적인 연금 자산을 형성할 수 있는 장점이 있다. 투자 실적에 따라 변동이 있지만, 최저 보증 옵션을 통해 일정 부분 원금을 보호할 수 있는 기능도 존재한다. 비과세 혜택을 받을 수 있어 절세 효과가 있다.

　변액연금보험이 다른 연금 상품보다 유리한 이유 중 하나는 가입 시점의 경험생명표를 적용한다는 점이다. 연금보험은 가입 시점의 평균수명(경험생명표)

에 따라 연금 지급률이 결정된다. 시간이 지날수록 평균 수명이 증가하면 연금 지급률이 낮아질 수 있는데, 변액연금보험은 가입 시점의 경험생명표를 적용하므로 상대적으로 유리한 연금 지급률을 확보할 수 있다.

변액연금보험은 투자형 상품이지만, 보증 기능이 있어 안전성을 보완할 수 있다. GMAB(Guaranteed Minimum Accumulation Benefit, 최저 보증 적립금 옵션)는 정해진 기간(예: 10년 이상) 동안 납입을 완료하면 최소한의 원금을 보장받을 수 있는 옵션이다. 투자 성과가 부진하더라도 일정 금액 이상은 보장되므로, 원금 손실 위험을 줄일 수 있다. GMIB(Guaranteed Minimum Income Benefit, 최저 보증 연금 옵션)는 일정 기간이 지나면 최소한의 연금 지급액을 보장받는 옵션이다. 투자 실적이 부진하더라도 안정적인 연금 수령이 가능하다.

변액연금보험은 일정 요건을 충족할 경우 비과세 혜택을 받을 수 있다. 10년 이상 유지하면 투자 수익에 대해 비과세 혜택을 받을 수 있어, 장기적인 세금 부담을 줄일 수 있다. 펀드 변경이 자유로워 투자 환경 변화에 유연하게 대응 가능하다. 이러한 특성으로 인해 변액연금보험은 장기적인 노후 준비를 위한 효과적인 도구로 활용될 수 있으며, 각 연령대별 특성에 맞게 적절히 활용한다면 안정적인 노후 생활을 위한 든든한 자산이 될 수 있다.

3. 중장년(4060)
⑦ 연말정산 연금저축 vs 비적격 연금 선택법

	세제적격	세제비적격
금융상품	연금저축보험	변액연금, 일반연금
혜택	세액공제	비과세
세액공제	연간 600만 원 내 16.5% (IRP활용 시 900만 원) *급여 5,500만 원 초과 시 13.2%	해당 안 됨
비과세	해당 안 됨	연간 1800만 원 1) 적립식 2) 5년납 이상 10년 유지 *단, 55세 이후 수령하는 종신형 연금인 경우 비과세한도 없음
연금 소득세	·55~69세 : 5.5% ·70~79세 : 4.4% ·80세 이상 : 3.3%	없음
연금 외 수령 시 세금	16.5%	없음
연금 개시나이	55세 이후	45~80세 (상품별 상이)
연금 지급기간	확정형	확정형, 종신형, 상속형

|연말정산 연금저축 vs 비적격 연금 선택법

연말정산은 직장인들에게 매우 중요한 재정 이벤트 중 하나이다. 연말정산을 통해 절세 혜택을 받을 수 있으며, 잘 활용하면 세금을 환급받을 수도 있기 때문이다. 특히 세제적격 상품(연금저축 등)을 활용하면 세액공제를 받을 수 있어 절세 효과가 크다. 반면, 세제비적격 상품(변액연금보험 등)은 세액공제 혜택은 없지만, 장기적으로 비과세 혜택과 유동성이 높다는 장점이 있다. 개인의 재정 상황과 목표에 맞게 적절한 상품을 선택하는 것이 중요하며, 연금저축(세제적격)과 세제비적격 상품(변액연금보험 등)을 비교하여 본인에게 적합한 상품을 선택해야 한다.

연금저축은 대표적인 세제적격 상품으로, 납입 시 세액공제 혜택을 받을 수 있는 것이 가장 큰 장점이다. 세액공제 혜택으로는 연간 최대 600만 원까지 납입할 경우 세액공제를 받을 수 있다. 연봉 5,500만 원 이하인 경우 납입액의 16.5% 세액공제를 받을 수 있으며, 연봉 5,500만 원 초과인 경우 납입액의 13.2% 세액공제를 받을 수 있다. 또한 과세이연 혜택으로 운용 단계에서 발생하는 수익에 대해 과세가 연기되므로 복리 효과를 극대화할 수 있다. 다만 연금 수령 시에는 연금소득세(3.3~5.5%)가 부과되며, 중도 해지 시 불이익으로 55세 이전에 해지할 경우 기타소득세(16.5%)가 부과되어 불리할 수 있다.

연금저축은 현재 소득이 높고 세금 절감이 필요한 직장인, 장기적인 노후 대비를 위해 안정적인 연금 준비를 원하는 사람, 세액공제 혜택을 적극적으로 활용하고자 하는 사람에게 추천된다. 다만 연금 수령 전에 중도 해지하면 세금 부담이 크며, 투자 수익률이 낮을 경우 기대만큼의 연금 수령이 어려울 수 있다는 점은 주의해야 한다.

3. 중장년(4060)
⑦ 연말정산 연금저축 vs 비적격 연금 선택법

　세제비적격 상품은 연금저축과 달리 세액공제 혜택은 없지만, 비과세 혜택과 유동성이 높은 것이 장점이다. 납입 시 절세 효과는 없지만, 자금 유동성이 좋아 언제든 인출이 가능하여 필요할 때 자금을 활용할 수 있다. 또한 연금 수령 시 비과세가 가능하여 일정 요건을 충족하면 연금 수령 시 비과세 혜택을 받을 수 있다. 가입 후 10년 이상 유지할 경우 연금 수령액에 대한 세금이 면제된다. 장기 투자에도 유리하여 변액연금보험의 경우 주식, 채권, 혼합형 등 다양한 펀드 투자로 수익을 기대할 수 있다.

　세제비적격 상품은 유동성이 필요한 사람, 장기 투자로 비과세 혜택을 받고 싶은 사람, 세액공제보다는 장기적인 투자 수익을 원하는 사람에게 추천된다. 다만 가입 후 10년을 유지하지 않으면 비과세 혜택을 받을 수 없으며, 투자형 상품(변액연금보험)의 경우 원금 손실 가능성이 있다는 점은 주의해야 한다.

　어떤 상품이 더 유리한지는 개인의 재정 상황과 투자 목표에 따라 달라진다. 세금 절감이 필요하다면 연금저축(세제적격 상품)이 추천된다. 연말정산 시 세액 공제 혜택을 받을 수 있으므로 현재 소득이 높고 세금 부담을 줄이고 싶은 경우 유리하다. 단, 중도 해지 시 세금 부담이 크므로 55세 이후 연금으로 수령할 계획이 있어야 한다.

　유동성이 필요하고 장기 투자 수익을 기대한다면 세제비적격 상품이 추천된다. 언제든 인출이 가능하여 자금이 필요할 때 활용할 수 있다. 10년 이상 유지하면 연금 수령 시 비과세 혜택을 받을 수 있다. 투자형 상품(변액연금보험)의 경우 주식, 채권 등 다양한 펀드에 투자할 수 있어 높은 수익을 기대할 수 있다.

두 가지 상품을 병행하는 것도 좋은 전략이다. 세액공제 혜택과 비과세 혜택을 동시에 누리고 싶다면, 두 가지 상품을 병행하는 것도 효과적인 방법이다. 연금저축을 활용해 세금 절감 효과를 얻고, 세제비적격 상품(변액연금보험)을 활용해 유동성과 비과세 혜택을 함께 누릴 수 있다.

연금저축(세제적격 상품)과 세제비적격 상품(변액연금보험 등)은 각각 장점과 단점이 있으므로, 개인의 재정 목표에 맞춰 선택하는 것이 중요하다. 세액공제 혜택을 적극 활용하고 싶다면 연금저축(세제적격 상품)이 유리하다. 유동성을 원하고 장기적인 비과세 혜택을 고려한다면 세제비적격 상품이 적합하다. 세제 혜택과 유동성을 동시에 고려한다면 두 가지 상품을 병행하는 것도 좋은 전략이다. 연금은 장기적인 재무 계획의 핵심 요소이므로, 개인의 재정 상태와 투자 성향을 고려하여 신중하게 선택하는 것이 바람직하다.

3. 중장년(4060)
⑧ 연말정산과 보장성보험

보험료 세액공제

구분			공제금액·한도	공제요건
세액공제	특정세액계좌	보장성 보험료	보험료 납입액 (연 각각 100만 원 한도) X12%	근로자가 기본공제대상자를 피보험자로 지출한 보장성보험의 보험료
		장애인 보장성 보험료	보험료 납입액 (연 각각 100만 원 한도) X15%	근로자가 기본 공제 대상자 중 장애인을 피보험자 또는 수익자로 지출하는 장애인 전용보험에 지출한 보험료

보험회사에서 보전 받은 의료비, 공제 대상일까?

기본공제대상자를 위해 **지출한 의료비 중 총급여액의 3%**를 **초과하는 금액은 15%**를 세액공제 받을 수 있다.

연말정산간소화서비스에서 의료비를 조회한 결과 500만 원이 나왔는데 보험실비보상으로 400만 원을 돌려 받았다면 **공제가능금액은 얼마일까?**

공제 대상 금액은 100만 원이다.
보험회사에서 **실비로 보전 받은 의료비는 공제대상에 포함되지 않기 때문**이다.

기타 연말정산 간소화 서비스 이용 시 유의사항

| 연말정산 간소화자료 틀릴 수도 있다! | 병원, 금융사 등에서 제출한 자료를 그대로 보여주는 것 → 잘못 공제 신청하면 납세자 책임 |

| 난임시술비는 본인이 체크! | 민감한 사생활 정보 → 근로자 본인이 직접 따로 분류해야 함 |

| 신생아 진료비 빠뜨리지 말자! | 신생아 주민등록번호가 국세청에 등록되지 않았을 경우 → 병원에서 직접 영수증을 발급받아야 함 |

|연말정산과 보장성보험

매년 1월이 되면 직장인들은 연말정산을 준비하느라 분주해진다. 연말정산은 1년 동안 급여에서 미리 납부한 세금과 실제 내야 할 세금의 차이를 정산하는 과정이다. 이때 다양한 공제 항목을 활용하면 상당한 금액을 환급받을 수 있는데, 그 중에서도 보장성보험료 세액공제는 누구나 쉽게 받을 수 있는 혜택임에도 불구하고 간과하는 경우가 많다.

보장성보험은 생명보험, 상해보험, 질병보험 등 사고나 질병 발생 시 보험금을 지급하는 보험상품을 말한다. 저축성보험과 달리 만기 시 환급되는 금액이 납입한 보험료보다 적거나 없는 순수보장성 성격을 가진 보험이다. 일반적으로 실손의료보험, 암보험, 치아보험, 종신보험, 정기보험 등이 이에 해당한다. 또한 많은 사람들이 놓치기 쉬운 점은 자동차보험 중 자기신체사고, 무보험차상해, 자동차상해 등의 항목도 보장성보험으로 인정받아 세액공제가 가능하다는 것이다.

보장성보험료에 대한 세액공제는 연간 납입한 보험료 중 최대 100만 원까지 12%의 세액공제 혜택을 받을 수 있다. 이는 최대 12만 원의 세금 감면 효과가 있다. 특히 장애인 전용보험의 경우에는 공제율이 더 높아 15%의 세액공제가 적용된다. 따라서 장애인 전용보험에 가입한 경우 최대 15만 원까지 세금 감면을 받을 수 있다.

대부분의 직장인들은 이미 국민건강보험, 자동차보험 등을 납부하고 있기 때문에, 별도의 노력 없이도 이 공제 혜택을 누릴 수 있다. 예를 들어, 월급에서 자동으로 공제되는 국민건강보험료와 자동차를 소유한 직장인이라면 의무적으로 가입하는 자동차보험의 일부 항목만으로도 상당한 금액이 보장성보험료 공제 대상이 된다. 실제로 대부분의 사회생활을 하는 직장인이라면 이 두 가지 보험

3. 중장년(4060)
⑧ 연말정산과 보장성보험

만으로도 상당 부분 100만 원에 근접하는 공제 대상 금액을 채울 수 있다.

연말정산 시 보장성보험료 세액공제를 받기 위해서는 먼저 연말정산 간소화 서비스에서 보험료 납입증명서를 발급받아야 한다. 국세청 홈택스 사이트에 로그인한 후 '연말정산 간소화' 메뉴에 들어가면 보험료 납입내역을 확인할 수 있다. 이 자료는 보험회사에서 국세청으로 자동 제출되므로 별도로 준비할 필요가 없다.

자동차보험의 경우, 자기신체사고, 무보험차상해, 자동차상해 등의 항목만 보장성보험으로 인정되므로 전체 납입금액 중 해당 항목의 보험료만 공제 대상이 된다. 이 부분은 보험사에서 국세청에 제출할 때 이미 계산되어 제출되므로 납세자가 직접 계산할 필요는 없다.

특히 주의할 점은 저축성 보험과 보장성 보험을 구분하는 것이다. 연말정산 간소화 서비스에서는 '보장성보험료'와 '장애인전용보장성보험료'로 구분하여 제공하므로, 이 항목에 표시된 금액만 공제 대상이 된다. 저축성 보험의 경우 세액공제 대상이 아니므로 주의해야 한다.

보장성보험 세액공제를 극대화하기 위한 전략도 생각해볼 수 있다. 먼저, 현재 가입한 보험 중 보장성보험과 저축성보험을 구분하고, 보장성보험료가 연간 100만 원에 미치지 못한다면 추가 가입을 고려해볼 수 있다. 또한 기본공제 대상자(배우자, 부양가족 등)가 있다면 이들을 위해 납부한 보험료도 세액공제 대상에 포함되므로, 가족의 보험료까지 합산하여 100만 원 한도를 최대한 활용하는 것이 좋다. 본인이나 부양가족 중 장애인이 있다면, 장애인 전용보험에 가입하여 15%의 높은 세액공제율을 적용받는 것이 유리하다. 실손의료보험도 대표적인 보장성보험으로, 의료비 부담을 줄이면서도 세액공제 혜택을 받을 수 있어 일석이조의 효과가 있다.

 연말정산 시 보장성보험료 세액공제는 누구나 쉽게 받을 수 있는 혜택이다. 대부분의 직장인들이 이미 납부하고 있는 국민건강보험과 자동차보험만으로도 상당 부분 공제 한도를 채울 수 있으며, 공제대상금액은 100만 원이다. 이에 대해 12%의 세액공제(장애인의 경우 15%)를 받을 수 있으므로, 작은 노력으로 더 많은 세금 환급을 받을 수 있는 이 기회를 놓치지 않도록 연말정산 준비 시 꼼꼼히 확인하는 것이 좋다.

3. 중장년(4060)
⑨ 사망보험금 설계 시 절세전략

우리나라 세율 1위 상속/증여세

- 2026.1.1 시행 예정

과세 표준	세율	누진공제액
2억 원 이하	10%	-
2억 원 초과 ~ 5억 원 이하	20%	2천만 원
5억 원 초과 ~ 10억 원 이하	30%	7천만 원
10억 원 초과	40%	1억 7천만 원

상속세 절세를 위한 종신보험 가입 노하우

1. 부자(父子) 컨셉

계획적이지 못한 일정 금액 이상의 상속, 증여에 대해서는 자금출처 조사대상이 될 수 있다. (관련법령 상속세 및 증여세법 제 45조)

구분	대상자	세부내용
계약자	子	본인의 소득 내에서 보험료 납입 (소득출처 마련 필요)
피보험자	父	현금, 체크카드, 생활비 등 자녀 지원 (父 : 보험료 실질적 납입)
수익자	子	피보험자 사망 시 상속세 없이 보험금 수령 가능 (계약자 = 수익자)

2. 부부 Cross 컨셉

배우자를 대상으로 상속플랜을 할 경우 상속공제 및 비과세 혜택을 볼 수 있다. (관련법령 상속세 및 증여세법 제 8조, 제 19조)

구분	대상자	대상자
계약자	남편	부인
피보험자	부인	남편
수익자	남편	부인

|사망보험금 설계 시 절세전략

결혼을 하고 가정을 이루거나 부모가 되면 가장의 재정 설계가 더욱 중요해진다. 가족이 경제적으로 안정된 삶을 지속할 수 있도록 위험에 대비하는 금융 상품이 필요하다. 특히 사망 후 남은 가족의 경제적 안정을 보장하고, 상속세 문제까지 대비할 수 있는 보험 상품이 종신보험이다. 종신보험은 단순한 보장성 보험이 아니라, 상속세 절감과 유동성 확보를 위한 중요한 수단이 될 수 있다.

종신보험이 필요한 첫 번째 이유는 가장의 사망 후 가족의 경제적 안정을 보장하기 위함이다. 종신보험은 가장이 사망했을 때 남은 가족이 생활을 유지할 수 있도록 재정적인 지원을 제공한다. 배우자나 자녀가 갑작스러운 경제적 공백을 겪지 않도록 보험금이 지급된다. 두 번째로는 상속세 부담 완화를 위해 필요하다. 부모가 남긴 재산이 많을수록 상속세 부담이 커질 수 있다. 보험금을 활용하면 상속세 납부 자금(상속세 유동성 확보)을 마련할 수 있어 세금 부담을 줄이는 데 효과적이다. 마지막으로 사망 후 재산 분쟁 방지를 위해 필요하다. 사망 후 유산을 어떻게 분배할지 명확하게 정하지 않으면 상속인들 사이에서 분쟁이 발생할 수 있다. 종신보험을 활용하면 특정 수익자를 지정할 수 있어 유산 상속을 원활하게 진행할 수 있다.

종신보험을 효과적으로 활용하려면, 계약자, 피보험자, 수익자를 전략적으로 지정하여 상속세 절세 효과를 극대화하는 것이 중요하다. 대표적인 방법으로는 부부가 각각 계약자와 피보험자로 가입하는 방법과 부모와 자녀가 계약자와 피보험자로 가입하는 방법이 있다. 이 두 가지 전략을 잘 활용하면 상속세 부담을 줄이고, 보험금이 효율적으로 전달될 수 있도록 설계할 수 있다.

부부가 각각 계약자와 피보험자로 종신보험을 가입하는 방식, 즉 부부 교차 종

3. 중장년(4060)
⑨ 사망보험금 설계 시 절세전략

종신보험은 상속세 절세와 유동성 확보에 효과적이다. 예를 들어, 남편을 피보험자로 하고 아내를 계약자 및 수익자로 지정하거나, 아내를 피보험자로 하고 남편을 계약자 및 수익자로 지정하는 방식이다. 이 방법의 장점은 배우자가 세금 부담 없이 보험금을 수령할 수 있다는 점이다. 일반적으로 피보험자(사망자)와 수익자가 다르면, 보험금이 상속재산에 포함되지 않으므로 상속세 부담이 없다. 남편이 사망하면 아내가, 아내가 사망하면 남편이 상속세 없이 보험금을 수령할 수 있다. 또한 사망 후 배우자가 경제적으로 곤란한 상황을 겪지 않도록 생활비나 주택 유지비 등으로 보험금을 사용할 수 있다. 부부가 각각 종신보험을 가입함으로써 남은 배우자에게 직접 자금이 전달되도록 설계할 수 있다.

부모가 재산을 남기고 사망할 경우, 상속세 부담이 클 수 있다. 특히 부동산이나 사업체 등 현금화하기 어려운 자산이 많다면 상속세를 납부할 유동성 자금이 필요하다. 이때 부모를 피보험자로 하고, 자녀를 계약자 및 수익자로 지정하는 방식으로 종신보험을 가입하면 상속세 절세 효과를 기대할 수 있다. 자녀가 보험료를 납부할 경제적 능력이 있을 때 이 방법이 효과적이다. 부모-자녀 종신보험의 장점은 자녀가 보험금을 상속세 납부 자금으로 활용할 수 있다는 점이다. 부모가 사망하면 자녀가 보험금을 수령하여 상속세 납부 자금으로 활용할 수 있다. 부동산과 같은 자산을 처분하지 않고도 상속세를 납부할 수 있어 유동성 문제를 해결할 수 있다. 또한 상속세 절세 효과가 있다. 부모의 사망 시 보험금이 지급되지만, 자녀가 보험료를 납부한 경우 상속재산에 포함되지 않는다. 즉, 상속세 부담이 크게 줄어든다. 마지막으로 재산 분쟁 방지 효과가 있다. 부모의 사망 후 형제 간 재산 분쟁을 방지하는 효과가 있다. 자녀 중 특정인이 부모를 부양한 경우, 그에 대한 보상을 보험금으로 지정할 수 있다.

종신보험을 활용하면 사망 후 상속세를 납부할 유동성을 확보하고, 상속세 부담을 줄이는 효과를 얻을 수 있다. 부동산, 사업체 등 현금화가 어려운 자산을 보유한 경우, 보험금으로 상속세를 납부할 수 있어 자산을 지킬 수 있다. 계약자와 피보험자, 수익자를 적절히 설계하면 보험금이 상속세 과세 대상에서 제외될 수 있다. 부모가 피보험자, 자녀가 계약자로 가입하면 보험금이 자녀의 자산으로 분류되어 상속세 부담이 줄어든다. 부부 교차 종신보험을 활용하면 배우자가 세금 없이 보험금을 수령할 수 있다.

4. 노년(60세 이상)
① 노인성 질환의 이해와 보험 준비의 중요성

노인성 질환이란?

노인성 질환이란 노화와 질병이 복합되어 발현되는것으로, 노인증후군과 노인에서 흔한 질환으로 구분합니다.

노인증후군
노인에서만 나타나는 증상들
치매, 섬망, 요실금, 골다공증 등

노인에서 흔한 질환
노화에 따라 발생 확률이 증가하는 질병
고혈압, 당뇨, 뇌졸중 등

눈
시력이 떨어지며 물체가 뿌옇고 두 개로 보인다고 호소
→ 백내장

목
팔이 저리거나 팔 힘이 떨어짐
→ 목디스크, 목 척수 압박

호흡기
숨소리가 쌕쌕거리고 기침이 심함
→ 기관지 천식
호흡곤란, 부종
→ 심장질환

정신이상이 의심되는 증상
자식이나 손자를 봐도 반가워하지 않고 시종 무표정한 표정을 짓는다.
이전보다 기억력이 뚝 떨어진 것 같다.
말수가 줄고 활동량 역시 줄었다.
절망적인 말을 자주 한다.
→ 치매, 우울증

얼굴
창백하고 부어 있고 입맛이 없다.
속이 울렁거리고 가슴이 쿵쾅거리며 숨이 가쁘다.
→ 빈혈
조금 창백하고 푸석푸석하여 전신이 붓는다.
고혈압, 당뇨병 등 만성질환이 있다.
→ 심장 또는 신장 이상

손목
엄지부터 넷째 손가락까지 저림
→ 팔목 부위 신경이 눌린 손목터널증후군

다리
다리가 저리며 허리 구부러지고 오리걸음
→ 목디스크, 목 척수 압박

무릎
심한 통증, 계단 오를때 힘들고 쩔뚝 걸음
→ 퇴행성 관절염

노인성 질환의 이해와 보험 준비의 중요성

노인성 질환은 노인에게서 잘 발생하는 질병들을 묶어 부르는 용어로, 대표적으로 치매, 고혈압, 당뇨병, 뇌혈관 질환, 퇴행성 질환이 있다.

치매는 뇌손상으로 인해 기억력이 저하되고 일상생활이 어려워지는 질환이다. 원인은 80~90여 가지로 알려져 있으며, 대표적으로 알츠하이머병, 루이체 치매, 혈관성 치매가 있다. 알츠하이머병은 가장 흔한 퇴행성 뇌질환이며, 명확한 원인이 밝혀지지 않았다. 루이체 치매는 뇌에 비정상적인 단백질이 쌓이며 발생하고, 혈관성 치매는 뇌혈관 손상으로 인해 발생하며 다른 유형보다 예방이 용이하다.

고혈압은 혈관벽에 가해지는 혈압이 정상보다 높은 상태를 말하며, 원인에 따라 1차성과 2차성으로 나뉜다. 1차성 고혈압(본태성 고혈압)은 명확한 원인이 밝혀지지 않았으며, 2차성 고혈압은 신장 질환이나 내분비 질환 등 다른 질환으로 인해 발생한다. 고혈압이 지속되면 심혈관 질환, 뇌출혈, 신부전, 망막 손상, 대동맥류 등의 합병증 위험이 커진다.

당뇨병은 인슐린 부족 또는 인슐린 저항성으로 인해 고혈당이 지속되는 만성 대사질환이다. 적절한 관리가 이루어지지 않으면 심혈관 질환, 당뇨병성 신증, 당뇨병성 망막증, 신경병증 등의 합병증이 발생할 수 있다. 특히 말초 신경 손상으로 인해 발의 감각이 저하되면 당뇨병성 족부 궤양이 발생할 위험이 높아지며, 심한 경우 절단이 필요할 수도 있다.

뇌혈관 질환은 뇌혈관이 막히거나 터지는 질환으로, 암 다음으로 흔하게 발생하는 질병이다. 뇌경색, 뇌출혈 등이 포함되며, 발생 시 생명을 위협할 수 있고

4. 노년(60세 이상)
① 노인성 질환의 이해와 보험 준비의 중요성

심각한 후유장애를 남길 위험이 높다.

퇴행성 질환은 노화로 인해 신경계 기능이 점차 저하되는 질환을 의미하며, 대표적인 예로 파킨슨병이 있다. 파킨슨병은 도파민이라는 신경전달물질이 부족해져 근육의 경직, 떨림, 보행 장애 등이 발생하는 만성 진행성 질환이다.

노인성 질환은 대부분 만성질환으로 장기적인 치료와 관리가 필요하며, 이에 따른 의료비 부담이 상당하다. 특히 고혈압, 당뇨병과 같은 질환은 지속적인 치료와 약제비 지출이 불가피하며, 합병증이 발생하면 의료비 부담이 더욱 증가한다. 치매는 간병이 필수적인 질환으로, 간병인 비용이 가계 경제에 큰 부담이 될 수 있다. 노년기에는 소득이 감소하는 반면 의료비 부담이 증가하는 경향이 있어, 재정적 대비가 필수적이다.

이에 대비하기 위해 다양한 노인성 질환 관련 보험 상품이 존재한다.
실손의료보험: 입원비, 외래진료비, 약제비 등 실제 발생한 의료비를 보장하는 보험이다. 다만, 고령자는 가입이 제한될 수 있으므로 가능한 빨리 가입하는 것이 유리하다.
치매보험: 치매 진단 시 진단금 및 간병비를 지급하는 보험으로, 가입 시 보장 범위와 치매의 정의(경증·중증 여부)를 꼼꼼히 확인해야 한다.
암보험: 암 진단 시 진단금과 치료비를 보장하는 보험으로, 특정 암에 대한 보장 범위와 대기기간을 확인하는 것이 중요하다.
간병보험: 일상생활 수행이 어려운 경우 간병비를 지원하는 보험으로, 치매나 파킨슨병 등으로 간병이 필요한 경우 경제적 부담을 줄이는 데 도움이 된다.

노인성 질환 대비는 미리 준비할수록 유리하며, 보험 가입 시기와 조건을 고려해 자신에게 맞는 상품을 선택하는 것이 중요하다. 특히 고령자는 가입 제한이 있을 수 있으므로 건강할 때 미리 대비하는 것이 바람직하다. 조기에 보험을 준비하면 더 나은 보장 조건으로 가입할 수 있으며, 이를 통해 본인과 가족의 경제적·정신적 부담을 줄이고 건강한 노후를 보낼 수 있다.

4. 노년(60세 이상)
② 고혈압, 당뇨병 보험가입

기본 건강검진 항목

구분	검사항목	정상범위	구분	검사항목	정상범위
비만 검사	체중/키/허리둘레	비만도 18.5~25 미만	혈액 검사	백혈구	4천~1만 개
고지혈증 검사	콜레스테롤	총콜레스테롤 200mg/dL 미만 중성지방 150mg/dL 미만 HDL콜레스테롤 60 이상 LDL콜레스테롤 130mg/dL 미만		혈소판	15만~40만 개
				혈색소(헤모글로빈)	남자 13~16.5g 여자 12~15.5g
고혈압 검사	혈압	수축기 혈압 120mmHg 미만 이완기 혈압 80mmHg 미만	간세포 검사	AST(SGOT) ALT(SGPT)	40IU/L 이하
당뇨병 검사	공복혈당	혈당 100mg 미만	알코올성 간질환, 담도계 질환	GGT	남자 11~63IU/L 여자 8~35IU/l 이내

고혈압, 당뇨병 보험 특약

상품명 및 보장내용	지급 사유	상품명 및 보장내용	지급 사유
고혈압 (원발성)약물 치료급여금	특약보험기간 중 피보험자가 고혈압보장개시일 이후에 "고혈압(원발성)"으로 진단이 확정되고, 특약보험기간 중 그 직접적인 치료를 목적으로 180일 이상의 기간동안 "고혈압(원발성)약물치료"를 받은 때 (다만, 최초 1회에 한함)	당뇨 진단급여금	특약보험기간 중 피보험자 당뇨보장개시일 이후에 "당뇨병 (당화혈색소 기준)"으로 진단확정 되었을 때 (다만, 최초 1회의 진단확정에 한함)

※보험상품마다 내용이 상이 할 수 있습니다.

고혈압 약물치료 특약의 보상기준

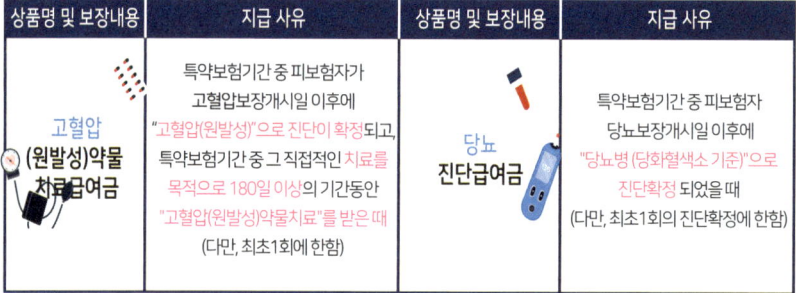

- 2021.0.1 가입일
- 2022.7.1. 고혈압(원발성) 진단 및 치료목적 약물처방 60일
- 2023.1.1 고혈압(원발성) 치료목적 약물처방 60일(누적 120일)
- 2023.7.1 고혈압(원발성) 치료목적 약물처방 60일(누적180일) **지급**

약물을 180일 이상의 기간에 대해 처방하여 치료하는 것이라 함은
약물 처방일수의 합이 누적하여 180일 이상 처방하여 치료하는 것을 의미합니다.

당뇨병의 정의 및 진단확정

① 이 특약에서 "당뇨병"이라 함은 제8차 한국표준질병사인분류에 있어서 별표2 "당뇨병 분류표"에서 정하는 질병 중 당화혈색소(HbA1c) 6.5%이상인 진단기준을 만족하는 "당뇨병"(이하 당뇨병이라 함)을 말합니다. 당화혈색소 검사시에는 NGSP (National Glycohemoglobin Standardization Program)에 의해 인증되고 DCCT (Diabetes Control and Complication Trial) assay에 표준화된 방법을 사용합니다.

② 당뇨병의 진단확정은 의료법 제3조(의료기관)의 규정에 의한 국내외 병원이나 의원 또는 국외의 의료 관련법에서 정한 의료기관(이하 '병원'이라 함)의 의사 면허를 가진 자(이하 '의사라 함)에 의하여 내려져야 합니다.

보험급의 지급사유

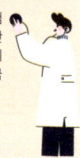

회사는 피보험자가 보험기간 중 제14조(특약보험료의 납입 및 회사의 보장개시) 제4항에서 정한 당뇨보장개시일(이하 당뇨보장개시일'이라 함) 이후에 '당뇨병'으로 진단확정 되었을 경우에는 금 지급기준표" 참조을 지급합니다.
(다만, 최초 1회에 한함)

※보험사상품 및 가입자 연령, 직업 에 따라 보상기중이 다를 수 있으니 약관을 확인하시길 바랍니다

|고혈압, 당뇨병 보험가입

고혈압과 당뇨병은 흔히 노인성 질환으로 인식되는 경우가 많다. 하지만 이러한 인식은 실제와 차이가 있으며, 이들 질환은 결코 어르신들에게만 국한된 질병이 아니다. 최근 들어 생활 습관의 변화, 스트레스 증가, 식습관의 서구화 등으로 인해 젊은 층에서도 고혈압과 당뇨병 발병률이 꾸준히 증가하고 있는 추세이다. 특히, 20~30대의 경우 과도한 업무 스트레스와 불규칙한 식습관, 운동 부족 등이 주요 위험 요인으로 작용하고 있어, 더 이상 고혈압과 당뇨병을 중장년층만의 문제로 여겨서는 안 된다.

가족력은 고혈압과 당뇨병 발병에 있어 중요한 위험 요소 중 하나이다. 부모나 가까운 친척 중에 고혈압이나 당뇨병 환자가 있다면, 자신도 이러한 질환에 걸릴 확률이 상대적으로 높아진다. 이는 유전적 요인이 이들 질환의 발병에 영향을 미치기 때문이다. 따라서 가족 중에 고혈압이나 당뇨병 환자가 있는 경우, 보다 일찍부터 정기적인 건강 검진과 함께 예방적 조치를 취하는 것이 중요하다. 또한, 단순히 유전적 요인뿐만 아니라 같은 가정 내에서 공유하는 생활 습관도 발병 위험을 높이는 요소가 될 수 있다. 고염식이나 고탄수화물 식단, 운동 부족 등의 생활 습관이 지속되면, 질환이 조기에 발병할 가능성이 커진다.

건강검진은 고혈압과 당뇨병을 조기에 발견하는 데 큰 도움이 된다. 건강검진 결과 혈압이 정상 범위를 벗어나거나 혈당 수치가 높게 나온 경우, 이는 향후 고혈압이나 당뇨병으로 발전할 가능성을 시사한다. 이런 경우 의사의 상담을 통해 생활 습관 개선, 식이 조절, 운동 등의 예방 조치를 취하는 것이 필요하다. 또한, 이러한 위험 요소가 있다면, 미래의 경제적 부담을 줄이기 위해 관련 보험 특약을 준비하는 것도 현명한 선택이다. 특히, 직장인들의 경우 바쁜 업무로 인

4. 노년(60세 이상)
② 고혈압, 당뇨병 보험가입

해 건강검진을 소홀히 하는 경우가 많은데, 연 1회 이상의 정기 건강검진을 통해 자신의 혈압과 혈당 상태를 체크하는 것이 필수적이다.

고혈압과 당뇨병은 초기에는 뚜렷한 증상이 없어 방치하기 쉽지만, 장기간 관리하지 않으면 심각한 합병증을 유발할 수 있다. 고혈압은 심혈관 질환, 뇌졸중, 신장 질환 등의 합병증을 일으킬 수 있으며, 당뇨병은 망막병증, 신경병증, 신장병증 등의 합병증을 유발할 수 있다. 이러한 합병증은 치료 비용이 많이 들고, 삶의 질을 크게 저하시킬 수 있으므로, 사전에 준비하는 것이 중요하다. 예를 들어, 당뇨병으로 인해 망막병증이 진행될 경우 실명 위험이 커지며, 신장병증이 악화되면 투석 치료를 받아야 하는 상황이 발생할 수 있다. 이런 심각한 결과를 예방하기 위해서는 조기 관리가 필수적이다.

최근 보험 시장에서는 고혈압치료비와 당뇨진단비를 보장하는 다양한 상품이 출시되고 있다. 이러한 보험 상품은 고혈압 치료비와 당뇨병 진단 시 일정 금액을 지급받을 수 있어, 질병 발생 시 경제적 부담을 줄이는 데 도움이 된다. 일반적으로 이러한 보험 상품들은 가입 후 1년의 면책 기간이 있으며, 고혈압 치료비의 경우 일정 기간 동안 약을 처방받아야 보장받을 수 있고, 당뇨진단비는 당화혈색소 수치가 특정 기준 이상이어야 지급되는 경우가 많다. 또한, 일부 보험 상품은 특정 합병증 진단 시 추가 보장이 제공되므로, 본인의 건강 상태를 고려하여 적절한 상품을 선택하는 것이 중요하다.

따라서 가족력이 있거나 건강검진에서 관련 수치가 우려되는 경우, 혹은 생활 습관상 위험 요소가 있는 경우에는 일찍부터 고혈압치료비와 당뇨진단비 관련 특약에 가입하는 것을 고려해볼 필요가 있다. 이는 단순히 질병에 대한 대비를 넘어, 미래의 경제적 안정을 위한 투자라고 볼 수 있다. 특히, 젊은 시기에 보험을 가입하면 상대적으로 낮은 보험료로 가입할 수 있는 장점이 있으며, 이후 건강 상태가 악화되더라도 보장을 유지할 수 있다는 점에서 조기 가입이 유리하다.

물론 보험 가입만으로는 건강을 완전히 지킬 수 없으므로, 규칙적인 운동, 건강한 식습관 유지, 스트레스 관리, 정기적인 건강 검진 등의 예방적 조치를 함께 취하는 것이 중요하다. 건강한 생활 습관과 적절한 보험 준비를 통해 고혈압과 당뇨병으로 인한 위험에 대비하는 것이 현명한 방법이다. 특히, 건강 관리는 단기간의 노력이 아니라 평생 지속해야 하는 과정이므로, 생활 습관 개선을 위한 실천이 필수적이다.

결론적으로, 고혈압과 당뇨병은 더 이상 노인성 질환으로만 간주할 수 없으며, 젊은 연령층에서도 발생 가능성이 높은 질병이다. 가족력이 있거나 건강검진에서 관련 수치가 우려되는 경우, 미리 관련 보험 특약을 준비하여 경제적 부담을 줄이는 것이 권장된다. 이는 건강한 미래를 위한 중요한 투자이며, 조기 관리와 예방을 통해 더 나은 삶을 영위할 수 있도록 해야 한다.

이처럼 고혈압과 당뇨병은 예방과 조기 관리가 핵심이며, 평소 생활습관 개선을 통해 건강한 삶을 유지하는 것이 중요하다.

4. 노년(60세 이상)
③ 뇌혈관질환보험 보장범위

코드	질병명	뇌혈관질환	뇌졸중	뇌출혈
I60	지주막하출혈	O	O	O
I61	뇌내출혈	O	O	O
I62	기타 비외상성 두개내출혈	O	O	O
I63	뇌경색증	O	O	
I64	출혈 또는 경색증으로 명시되지 않은 뇌졸중	O		
I65	뇌경색증을 유발하지 않은 뇌전동맥의 폐쇄 및 협착	O	O	
I66	뇌경색증을 유발하지 않은 대뇌동맥의 폐쇄 및 협착	O	O	
I67	기타 뇌혈관질환	O		
I67.0	파열되지 않은 대뇌동맥의 박리	O		
I67.1	파열되지 않은 대뇌동맥류	O		
I67.2	대뇌죽상경화증	O		
I67.3	진행성 혈관성 백질뇌병증	O		
I67.4	고혈압성 뇌병증	O		
I67.5	모야모야병	O		
I67.6	두개내정맥계통의 비화농성 혈전	O		
I67.7	달리 분류되지 않은 대뇌동맥염	O		
I67.8	기타 명시된 뇌혈관질환	O		
I68	달리 분류된 질환에서의 뇌혈관장애	O		
I68.0	뇌아밀로이드혈관병증	O		
I68.1	달리 분류된 감염성 및 기생충성 질환에서의 대뇌동맥염	O		
I68.2	달리 분류된 기타 질환에서의 대뇌동맥염	O		
I68.8	달리 분류된 질환에서의 기타 뇌혈관장애	O		
I69	뇌혈관질환의 후유증	O		

|뇌혈관질환보험 보장범위

 현대 사회에서 뇌혈관질환은 심각한 건강 위협으로 자리 잡고 있으며, 특히 60대 이후 발병률이 급격히 증가하고 있어 이에 대한 대비가 필수적이다. 뇌혈관질환은 단순한 질병을 넘어 일상생활 능력을 저하시키고, 장기적인 치료와 간병이 필요할 가능성이 높아 환자뿐만 아니라 가족에게도 큰 부담을 주는 질환이다.

 뇌혈관질환은 크게 뇌경색, 뇌출혈, 뇌동맥류 등으로 나뉘며, 각각의 치료 방법과 예후가 다르다. 뇌경색은 뇌혈관이 막혀 발생하는 질환으로, 혈액 공급이 차단되면서 뇌 세포가 손상되는 상태이다. 뇌출혈은 혈관이 터져 뇌에 출혈이 발생 하는 경우이며, 뇌동맥류는 혈관 벽이 부풀어 올라 파열 위험이 높은 상태를 의미한다. 이러한 뇌혈관질환은 발생 즉시 빠른 치료가 필요하며, 치료 이후에도 오랜 재활이 요구되는 경우가 많다.

 통계적으로 볼 때, 한국인의 사망 원인 중 뇌혈관질환은 상위권을 차지하고 있으며, 특히 고령화가 심화되면서 발병률이 더욱 증가하고 있다. 이 질환은 일단 발병하면 완전한 회복이 어려운 경우가 많고, 재발 위험도 높아 지속적인 의료비 부담이 발생한다. 따라서 이에 대한 경제적 대비를 위해 뇌혈관질환보험에 가입하는 것이 현명한 선택이 될 수 있다.

 뇌혈관질환보험은 시간이 지나면서 보장 범위와 내용이 더욱 발전해 왔다. 과거 생명보험사에서 판매되던 뇌출혈보험은 보장 범위가 좁아 뇌경색이나 뇌동맥류 같은 질환에 대한 보장이 제한적이었다. 하지만 최근에는 의료 기술이 발전하고 질병에 대한 인식이 높아지면서 뇌혈관진단비뿐만 아니라 뇌동맥진단비, 주요 치료비까지 보장하는 상품들이 다양하게 출시되고 있다. 이러한

4. 노년(60세 이상)
③ 뇌혈관질환보험 보장범위

상품들은 뇌출혈, 뇌경색, 뇌동맥류를 포괄적으로 보장하며, 질환의 중증도에 따라 차등화된 보장을 제공하는 경우도 많다.

특히 주목해야 할 점은 뇌혈관질환 치료 과정에서 발생하는 다양한 비용을 보장하는 주요 치료비 특약이다. 이는 수술비, 입원비, 재활치료비 등을 포함하며, 일부 상품에서는 MRI, CT 같은 고가의 진단 검사비용도 보장한다. 또한 뇌혈관질환으로 인한 후유증으로 일상생활에 제한이 생길 경우, 경제적 지원을 받을 수 있는 상품도 증가하고 있다.

뇌혈관질환보험을 선택할 때는 보장 범위가 상품마다 다르기 때문에 신중한 비교와 분석이 필요하다. 단순히 뇌출혈만 보장하는 상품보다는 뇌경색, 뇌동맥류 등 다양한 뇌혈관질환을 포함하는 상품을 선택하는 것이 유리하다. 또한, 진단비뿐만 아니라 입원비, 수술비, 재활치료비 등의 실질적인 치료 과정에서 발생하는 비용을 보장하는 특약이 포함된 상품을 고려하는 것이 바람직하다.

뇌혈관질환은 60대 이후 급증하는 추세지만, 이에 대한 보험 가입은 건강한 상태일 때 이루어지는 것이 유리하다. 나이가 많아질수록 보험료가 상승하고 가입 조건이 까다로워지기 때문에, 40대나 50대, 가능하면 그보다 더 젊은 나이 에 가입하는 것이 바람직하다. 특히 가족력이 있는 경우라면 더욱 신중하게 접근해야 한다. 뇌혈관질환은 유전적 요인이 영향을 미치는 경우가 많기 때문에, 부모나 조부모 중 뇌혈관질환을 앓은 사람이 있다면 발병 위험이 높아질 수 있다. 이런 경우에는 30대부터 포괄적인 보장을 제공하는 보험에 가입하는 것이 중요하다.

보험 가입 시에는 자신의 건강 상태, 가족력, 생활 습관 등을 고려하여 적절한 보장 범위와 보험금을 설정해야 한다. 또한 보험료 납입 기간과 보장 기간도 중요요소이다. 일반적으로 납입 기간이 길수록 월 납입액이 줄어들지만 총 납입액은 증가할 수 있으므로, 본인의 경제적 상황에 맞춰 신중하게 결정해야 한다.

뇌혈관질환보험 가입 전략으로는 첫째, 보장 범위가 넓은 상품을 선택하는 것이 중요하다. 뇌출혈뿐만 아니라 뇌경색, 뇌동맥류 등 다양한 뇌혈관질환을 모두 보장하는 상품이 유리하다. 둘째, 진단비뿐만 아니라 수술비, 입원비, 재활치료비 등 실질적인 치료 비용을 보장하는 특약을 포함하는 것이 좋다. 셋째, 갱신형보다는 비갱신형 상품을 선택하는 것이 장기적으로 유리하다. 갱신형 보험은 초기 보험료는 저렴하지만 갱신될 때 보험료가 크게 상승할 수 있어 주의해야 한다.

뇌혈관질환은 60대 이후 급격히 증가하는 위험 질환으로, 발병 시 경제적·신체적 부담이 매우 크다. 따라서 이를 대비하기 위한 적절한 보험 가입은 필수적이다. 과거에는 뇌출혈만 보장하는 제한적인 상품이 주류였지만, 최근에는 뇌혈관진단비, 뇌동맥 진단비, 주요 치료비 등을 포함하는 포괄적인 상품이 증가하고 있다. 뇌혈관질환보험은 건강할 때, 가능하면 젊은 나이에 가입하는 것이 유리하며, 가족력이 있는 경우 더욱 신중하게 접근하여 미리 준비하는 것이 중요하다. 보험 선택 시 보장 범위, 보험금 지급 조건, 보험료 납입 조건 등을 꼼꼼히 확인하고, 자신의 건강 상태와 경제적 상황에 맞는 상품을 선택해야 한다.

4. 노년(60세 이상)
④ 나에게 맞는 유병자 보험

유병자 보험이란?

병력기록이 있더라도 간편심사 고지로 가입가능한 보험상품

구분	일반상품	유병자보험
보험료	표준보험료	할증 보험료
알릴의무	표준알릴 의무 (18개 항목)	간소화된 알릴 의무 (1~3개 항목)
부담보	있음	없음
방문진단	있음	없음

유병자보험 유형

중증유병자	일반유병자		경증유병자	
3.0.5간편	3.1.5간편	3.2.5간편	3.3.5간편	3.4.5간편

초경증유병자							
3.5.5간편	3.6.5간편	3.7.5간편	3.8.5간편	3.10.5간편	3.5.10 간편	3.10.10 간편

상품별 간편고지 예시

간편고지 문답	중증 유병자	일반 유병자	초경증 유병자
Q. 3개월 이내 의사로부터 진찰 또는 검사를 통하여 다음과 같은 **필요소견을 받은 사실**이 있습니까? ① 입원 필요소견 ② 수술 필요소견 ③ 추가검사(재검사)	○	○	○
Q. 1년·2년·3년·4년·5년 이내 **질병**이나 **상해사고**로 인하여 다음과 같은 의료행위를 받은 사실이 있습니까? ① 입원 ② 수술		○	
Q. 5년 초과 10년 이내 **질병**이나 **상해사고**로 인하여 다음과 같은 의료행위를 받은 사실 있습니까? ① 입원 ② 수술			○
Q. 5년·10년 이내, 아래의 질병으로 **질병확정진단, 입원, 수술**을 받은 사실이 있습니까? ① 암 ② 협심증 ③ 심근경색 ④ 뇌졸중(뇌출혈, 뇌경색) ⑤ 간경화 ⑥ 심장판막증	○	○	○

|나에게 맞는 유병자 보험

우리는 살아가며 평균 6~7개의 질병을 경험하게 된다. 의학의 발전으로 수명이 늘어났지만, 만성질환을 안고 살아가는 이들도 많아졌다. 나이가 들수록 질병은 누구에게나 자연스러운 현상이 되지만, 문제는 이런 건강 이력이 보험 가입의 장벽이 된다는 점이다.

기존 보험 시장에선 유병자들이 보험 사각지대에 놓여 있었다. 고혈압, 당뇨, 고지혈증 같은 흔한 만성질환만 있어도 가입이 거절되거나, 해당 질병과 관련된 보장을 제외하는 '부담보' 조건으로만 가입이 가능했다. 특히 암이나 심장질환 병력이 있는 경우 대부분 보험 가입 자체가 불가능했다.

이러한 구조는 보험이 가장 필요한 사람들이 오히려 보험 혜택을 받지 못하는 아이러니를 낳았다. 건강할 땐 보험의 필요성을 못 느끼지만, 병이 생긴 뒤엔 가입 자체가 어려운 것이다.

다행히 최근엔 유병자도 가입할 수 있는 '유병자 보험'이 다양하게 출시되고 있다. 이 상품들은 기존에 질병이 있던 사람들도 가입할 수 있도록 완화된 심사 기준을 적용한다. 보험의 사각지대에 있던 많은 유병자들에게 새로운 선택지가 생긴 것이다.

유병자 보험의 핵심은 간소화된 건강 고지다. 일반 보험은 수십 개의 질문을 요구하지만, 유병자 보험은 3~5개의 핵심 질문만으로 가입 여부를 판단한다. 예를 들어, 최근 2년 내 입원, 수술 여부, 특정 질환 진단 경험 등이 있다.

유병자 보험은 건강 상태에 따라 중증, 경증, 초경증으로 나뉜다.

4. 노년(60세 이상)
④ 나에게 맞는 유병자 보험

중증 유병자 보험은 암, 심근경색, 뇌졸중 등 중대 질병 병력이 있거나 최근 2년 내 입원 또는 수술 이력이 있어도 가입이 가능하다. 보험료는 높고 보장 범위는 제한적이지만, 보험 가입 자체가 어려운 이들에겐 사실상 유일한 선택지다. 정액 보장 방식이 많고 일부는 실손 보장도 포함한다.

경증 유병자 보험은 고혈압, 당뇨처럼 관리가 가능한 만성질환이 있는 사람에게 적합하다. 중증 유병자 보험보다 보장 범위가 넓고 보험료는 상대적으로 낮다. 건강 고지는 5~7개 항목으로 구성되고, 실손 보장을 선택할 수도 있다.

초경증 유병자 보험은 완치 이력이 있거나 비교적 건강 상태가 양호한 사람을 위한 상품이다. 일반 보험과 유사한 보장을 제공하면서도 고지 항목이 일부 완화되어 있다. 보험료는 일반 보험보다 다소 높지만 다양한 특약을 선택할 수 있다.

보험 선택 시 가장 먼저 해야 할 일은 자신의 건강 상태를 정확히 파악하는 것이다. 의료 기록과 건강검진 결과를 토대로 어떤 유형의 유병자 보험이 적합한지 판단해야 한다.

또한 각 상품의 보장 범위와 제한 조건을 꼼꼼히 살펴야 한다. 유병자 보험은 특정 질환에 대해 면책 조건이나 부담보가 있을 수 있다. 보험료 대비 보장 가치도 중요하다. 보험료가 너무 높다면 필요한 보장만 선택적으로 가입하는 것도 방법이다.

여러 보험사의 상품을 비교하는 것도 필수다. 가입 조건과 보험료, 보장 내용이 다르기 때문에, 한 곳만 보지 말고 다양한 상품을 비교해야 한다. 보험 전문가와 상담하는 것도 좋은 방법이다.

 이제 유병자도 보험의 문턱을 넘을 수 있는 시대다. 자신에게 맞는 유병자 보험을 잘 선택하면, 불필요한 지출 없이 꼭 필요한 보장을 받을 수 있다.

4. 노년(60세 이상)
⑤ 간병보험 체크리스트 3가지

CHECK 1. 간병비가 향후 물가상승률을 보장하는가?

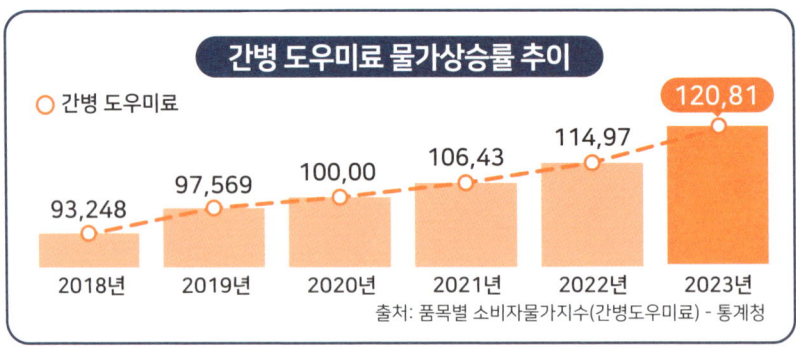

간병 도우미료 물가상승률 추이
- 간병 도우미료
- 2018년: 93,248
- 2019년: 97,569
- 2020년: 100,00
- 2021년: 106,43
- 2022년: 114,97
- 2023년: 120,81

출처: 품목별 소비자물가지수(간병도우미료) - 통계청

CHECK 2. 장기간 간병비를 보장 가능한가?

[A보험 약관 예시]

- 동일질병 보장 180일 | 보장제외(면책일) 180일 | 동일질병 재보장 180일
  - 퇴원없이 계속입원
  - 보험금 지급된 최종입원일 / 보장재개 / 보험금 지급됨
- 미보장 (180일) | 동일질병 보장 185일 | 보장제외(면책일) 180일
  - 퇴원없이 계속입원
  - 181일 입원일 / 보험금 지급된 최종입원일

CHECK 3. 간병비 보장대상이 넓은 편인가?

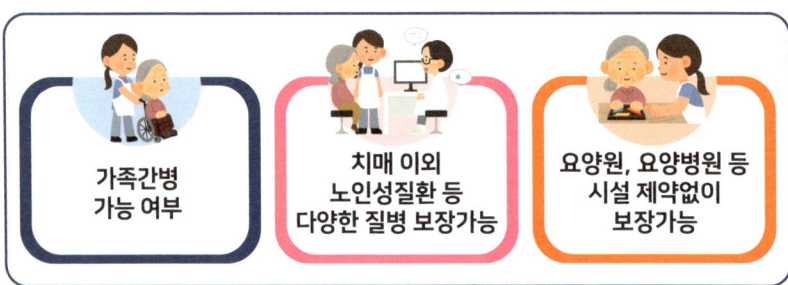

- 가족간병 가능 여부
- 치매 이외 노인성질환 등 다양한 질병 보장가능
- 요양원, 요양병원 등 시설 제약없이 보장가능

|간병보험 체크리스트 3가지

간병보험은 고령화 사회에서 필수적인 보장성 보험으로, 장기적인 간병비 부담을 덜어주는 역할을 한다. 특히 간병이 필요한 상황이 장기간 지속될 가능성이 높은 만큼, 적절한 보장 범위를 갖춘 간병보험을 선택하는 것이 중요하다. 간병보험을 고려할 때 반드시 확인해야 할 3가지 핵심 체크리스트를 살펴보자.

첫 번째 체크포인트는 간병비가 향후 물가상승률을 반영하여 보장되는가이다. 의료비와 간병비는 일반적인 물가보다 높은 상승률을 보이는 경우가 많다. 특히 간병 도우미료는 매년 상승하는 경향이 있으며, 이러한 물가 상승이 반영되지 않는 보험 상품은 장기적으로 충분한 보장을 제공하지 못할 가능성이 크다. 따라서 현재의 보장 금액만 고려할 것이 아니라, 미래의 경제적 변화까지 반영할 수 있는 보험 상품인지 확인해야 한다. 일부 간병보험은 일정 기간마다 보장 금액이 자동으로 증가하는 구조를 갖고 있으며, 이는 물가 상승으로 인한 실질적인 보장 가치 감소를 막는 중요한 요소가 된다. 따라서 간병보험 가입 시 보장 금액의 인상 여부와 적용 조건을 꼼꼼하게 확인하는 것이 필요하다.

두 번째 체크포인트는 장기간 간병비를 지속적으로 보장받을 수 있는가이다. 간병이 필요한 상황은 일시적인 경우보다 오랜 기간 지속될 가능성이 크다. 특히 치매와 같은 질병은 치료보다는 지속적인 돌봄이 필요하기 때문에, 단기적인 보장만으로는 충분하지 않다. 보험 상품의 약관을 통해 간병비 지급 기간을 확인하고, 장기적으로 보장받을 수 있는 상품을 선택해야 한다. 예를 들어, 일부 간병보험은 최초 3년 동안만 간병비를 지급하는 경우가 있으며, 이후에는 보장이 중단될 수 있다. 반면, 평생 간병비를 지급하는 상품도 존재하므로, 본인의 경제적 상황과 필요에 맞는 상품을 신중하게 선택해야 한다. 약관에서 지급 기간, 지급 방식, 지급 금액 등을 명확하게 확인하고, 필요하면 전

4. 노년(60세 이상)
⑤ 간병보험 체크리스트 3가지

문가의 상담을 받아야 한다.

세 번째 체크포인트는 간병비 보장 대상이 넓은가이다. 간병이 필요한 상황은 다양한 형태로 발생할 수 있으며, 이에 따라 보험이 적용되는 범위도 중요하게 고려해야 한다. 간병보험 상품에 따라 보장 대상이 치매에 한정되는 경우가 있는 반면, 뇌졸중, 파킨슨병, 노인성 질환 등 다양한 질병을 포함하는 상품도 있다. 또한, 가족이 직접 간병하는 경우에도 간병비를 지급하는지 여부를 확인해야 한다. 일부 보험은 요양시설에서의 간병만 인정하고, 가정 내 간병은 보장하지 않는 경우가 있기 때문에, 본인의 간병 계획에 따라 적절한 상품을 선택해야 한다. 또한 요양원 및 요양병원 등 특정 시설에서만 보장이 가능한지, 아니면 장소에 관계없이 간병비가 지급되는지도 중요한 고려 요소다. 시설의 제약 없이 보장받을 수 있다면 보다 유연한 간병 계획을 세울 수 있다.

간병보험을 선택할 때는 이러한 체크리스트를 기준으로 보장 범위를 꼼꼼히 분석하는 것이 필요하다. 또한, 보험료 수준과 함께 계약 시 적용되는 면책 조항도 반드시 확인해야 한다. 일부 보험은 가입 후 일정 기간이 지나야 보장이 개시되거나, 특정 질환에 대해 보장 제한이 있을 수 있기 때문에, 약관을 충분히 숙지하는 것이 중요하다.

간병보험은 단순한 의료비 보장과는 차이가 있다. 의료보험은 치료 중심으로 보장하지만, 간병보험은 장기적인 돌봄과 관련된 비용을 지원하는 역할을 한다. 따라서 의료보험만으로는 부족할 수 있으며, 추가적인 간병보험 가입을 고려하는 것이 현명한 선택이 될 수 있다. 또한 간병보험은 연금보험과 함께 설계하면 더욱 효과적으로 노후 대비가 가능하다. 연금보험을 통해 기본 생활비를 확보하고, 간병보험을 통해 장기 간병비를 대비하면 보다 안정적인 노후를 보낼 수 있다.

  고령화 사회에서 간병비 부담은 개인뿐만 아니라 가족 전체에 영향을 미칠 수 있는 중요한 문제다. 따라서 간병보험을 미리 준비하는 것은 본인의 건강뿐만 아니라 가족의 경제적 부담을 줄이는 데도 큰 도움이 된다. 특히 간병이 필요한 상황이 갑자기 발생할 수 있는 만큼, 사전에 대비하는 것이 중요하다. 보험 상품을 선택할 때는 본인의 건강 상태, 가족력, 재정 상황 등을 종합적으로 고려하여 신중하게 결정하는 것이 필요하다.

  결론적으로, 간병보험은 장기적인 간병비 부담을 줄이고, 노후의 삶의 질을 높이는 중요한 역할을 한다. 하지만 모든 간병보험이 동일한 보장을 제공하는 것은 아니므로, 위에서 언급한 3가지 체크리스트를 기반으로 신중하게 선택해야 한다. 물가 상승을 반영한 보장 여부, 장기적인 보장 가능성, 보장 대상의 범위를 충분히 고려한 후 자신에게 적합한 상품을 선택하는 것이 중요하다. 이를 통해 예측할 수 없는 미래의 간병 부담을 최소화하고, 보다 안정적인 노후를 준비할 수 있을 것이다.

PART 2

소비자들이 쉽게 속는 보험사 정책

1
고지/통지의무위반과 보험금 부지급 사례

구분	계약 전 알릴 의무 고지의무	계약 후 알릴 의무 통지의무
알리는 주체	보험계약자 또는 피보험자	보험계약자 또는 피보험자
시기	계약 체결 시	보험계약 체결 후
알려야 하는 내용	청약할 때(진단계약의 경우에는 건강진단할 때를 말함) 청약서에서 질문한 사항에 대하여 알고 있는 사실을 반드시 사실대로 알려야 한다.	①보험증권 등에 기재된 직업 또는 직무의 변경 ②보험증권 등에 기재된 피보험자의 운전 목적이 변경된 경우 ③보험증권 등에 기재된 피보험자의 운전 여부가 변경된 경우 ④이륜자동차 또는 원동기 장치 자전거를 계속적으로 사용하게 된 경우
위반 효과	보장 제한 (단, 인과관계 없으면 지급) 계약 해지 ↓ 해지환급금	보험료의 증액, 보험금 삭감 지급 계약 해지 ↓ 해지환급금 (변경된 직업 또는 직무와 관계없이 발생한 사유는 지급)
제척 기간	①회사가 그 사실을 안 날로부터 1개월 ②보험계약자의 책임개시 이후 2년이 경과(진단계약의 경우 1년)된 경우 ③최초 계약일부터 3년이 지났을 때	변경 사실을 안 날부터 1개월

|고지/통지의무위반과 보험금 부지급 사례

보험 가입 시 반드시 알아야 할 개념 중 하나가 '고지의무'와 '통지의무'다. 많은 사람들이 보험 가입을 쉽게 생각하고 단순히 계약서에 서명하는 것으로 끝낸다고 생각하지만, 실제로는 본인의 건강 상태나 직업에 대한 중요한 정보를 정확히 제공해야 한다. 이를 소홀히 하면 보험금 지급 거절, 계약 해지 등 다양한 불이익을 받을 수 있다.

고지의무란 무엇인가?

고지의무는 보험 가입 시점에 본인의 건강 상태, 직업, 병력 등을 사실대로 보험회사에 알리는 의무를 의미한다. 예를 들어, 최근 건강검진에서 당뇨병 의심 소견을 받았거나, 혈압이 높아져 약을 복용 중이라면 이 사실을 보험회사에 반드시 알려야 한다. 이를 숨긴 채 보험에 가입했다가 나중에 당뇨병으로 인해 치료를 받게 되면, 보험회사가 이를 이유로 보험금을 지급하지 않을 가능성이 크다.

보험회사는 보험료를 책정할 때 가입자의 건강 상태와 직업 등을 중요한 기준으로 삼는다. 위험도가 높은 고객에게는 보험료를 높이거나, 경우에 따라 가입을 거절할 수도 있다. 따라서 본인의 건강 상태나 직업 정보를 사실대로 고지하는 것이 필수적이다. 이를 어길 경우 계약이 무효가 되거나, 보험금 지급이 거절될 수 있다.

통지의무란 무엇인가?

통지의무는 보험 가입 이후에 발생하는 중요한 변화가 있을 경우 이를 보험회사

1
고지/통지의무위반과 보험금 부지급 사례

에 즉시 알리는 의무를 말한다. 예를 들어, 사무직으로 근무하던 사람이 건설현장 일용직으로 직업을 변경했다면, 이는 위험도가 높아지는 변화이므로 보험사에 이를 즉시 통보해야 한다. 이처럼 직업이 바뀌거나, 건강 상태에 큰 변화가 생겼다면 반드시 보험회사에 알릴 필요가 있다.

보험회사가 보험료를 책정할 때 직업과 건강 상태를 고려하는 만큼, 보험 가입 후에도 이런 변화가 생기면 이를 보험사에 알리는 것이 중요하다. 통지의무를 소홀히 하면 보험금 지급이 거절되거나, 심지어 계약이 해지될 수도 있다.

두 가지 알릴 의무 위반 시 불이익

고지의무나 통지의무를 이행하지 않으면 보험 소비자는 예상치 못한 불이익을 받을 수 있다. 대표적인 불이익으로는 다음과 같은 경우가 있다.

보험 계약 해지: 보험회사는 계약자가 정보를 허위로 제공하거나 중대한 사항을 누락한 경우, 계약을 해지할 수 있다.

보험금 지급 거절: 보험 가입자가 고지하지 않은 건강 문제나 위험 요소가 보험금 청구 사유와 관련이 있을 경우, 보험금 지급이 거절될 수 있다. 예를 들어, 유방 검진에서 이상 소견을 받았음에도 이를 알리지 않고 가입했다가, 나중에 유방암으로 진단받아 보험금을 청구했지만 지급이 거절된 사례가 있다.

알릴 의무 위반이지만 계약 해지가 불가능한 경우

2년 이내: 보사는 가입 후 2년 이내에 고지의무 위반이 확인되면 계약을 해지할 수 있지만 해당 기간내 해당 보험과 관련된 병원 기록이 없으면 보험사는 계약을 해지할 수 없다.

3년 이내: 상법상 3년이 경과하면 보험사는 계약을 해지할 수 없으며, 이후 보험금 지급 여부는 고지의무 위반과 관련된 인과관계를 따져 판단하게 된다.

5년 이후: 원대리 진단, 진단 서류 위반, 변조 등의 사기 계약이 확인될 경우라도 5년이 경과하면 해당 계약을 취소할 수 없다.

2
고지의무와 계약 해지 기준

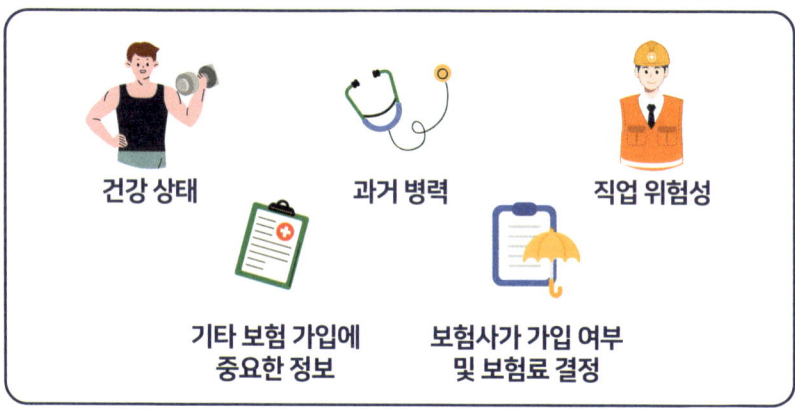

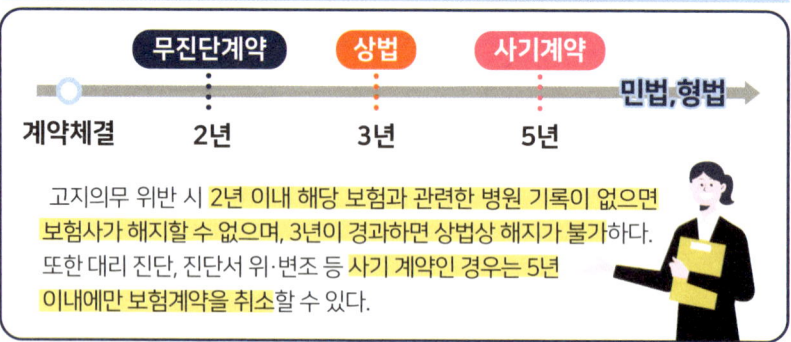

| 고지의무와 계약 해지 기준

보험 고지의무란 보험 계약을 체결할 때 계약자가 자신의 건강 상태, 과거 병력, 직업 등과 같은 중요한 사항을 보험사에 정확하게 알려야 하는 법적 의무를 말한다. 이는 상법 제651조에 명시된 법적 의무로, 단순한 형식적 절차가 아닌 보험 제도의 공정성과 지속 가능성을 유지하기 위한 핵심 원칙이다. 따라서 고지의무는 '최대 선의의 원칙'이라는 보험의 기본 정신을 구현하는 중요한 장치다.

고지의무와 '3년 개념'

 보험업계에서 보험 계약 체결일로부터 3년 이내에 고지의무 위반이 발견될 경우, 보험사가 계약을 해지할 수 있는 법적 기간을 의미한다. 상법 제651조는 보험사가 고지의무 위반 사실을 안 날로부터 1개월 이내, 그리고 계약 체결일로부터 3년 이내에 계약을 해지할 수 있도록 규정하고 있다.
 예를 들어, 김씨는 고혈압 진단을 받았으나 이를 숨기고 보험에 가입했다. 가입 후 2년이 지나 뇌졸중이 발생하여 보험금을 청구했을 때, 보험사는 진료 기록을 조사하던 중 고혈압 진단 사실을 발견했다. 이 경우 보험사는 고지의무 위반을 이유로 계약을 해지하고 보험금 지급을 거절할 수 있다. 이는 고혈압과 뇌졸중 사이에 의학적 인과관계가 인정되기 때문이다.
 그러나 3년이 지난 후에는 보험사가 고지의무 위반을 이유로 일방적으로 계약을 해지할 수 없게 된다. 이 점 때문에 많은 사람들이 '3년만 지나면 모든 고지의무 위반이 면책된다'라고 오해하는 경우가 있다. 하지만 이는 정확한 이해가 아니다. 3년이 지났더라도 고지의무 위반과 직접적인 관련이 있는 질병이나 상해에 대해서는 여전히 보험금 지급이 제한될 수 있다.

고지의무와 '5년 개념'에 대한 오해와 실제

 보험 가입자들 사이에서는 '5년이 지나면 모든 고지의무 위반 사항이 면책된다'는 말이 흔히 들려온다. 그러나 이는 심각한 오해다. 이러한 오해는 일부 보험 약관에서 제공하는 특정 혜택을 일반화한 결과다.
 일부 보험 상품의 약관에는 '계약일로부터 5년이 지나는 동안 같은 질병으로 추가 진단이나 치료를 받지 않았다면, 이후 해당 질병이 재발하더라도 보장한다'는 조항이 있을 수 있다. 그러나 이는 정상적으로 고지한 질병에 대한 보장

2
고지의무와 계약 해지 기준

범위를 확대하는 조항일 뿐, 고지의무 위반에 대한 면책과는 전혀 다른 문제다. 예를 들어, 이씨는 암 진단을 받았으나 이를 숨기고 보험에 가입했다. 가입 후 5년 동안 추가 치료 없이 지냈지만, 6년째 암이 재발했다. 이 경우 보험사는 고지의무 위반을 이유로 암 관련 보험금 지급을 거절할 수 있다. 즉, 5년이 지났다고 해서 모든 고지의무 위반이 면책되는 것은 아니다.

고지의무 위반 시 계약 해지의 법적 절차

 보험사가 고지의무 위반을 이유로 계약을 해지하기 위해서는 몇 가지 조건을 충족해야 한다. 첫째, 계약자가 고의 또는 중대한 과실로 중요한 사항을 고지하지 않았거나 부실하게 고지한 경우여야 한다. 둘째, 보험사가 고지의무 위반 사실을 안 날로부터 1개월 이내에 해지 통보를 해야 한다. 셋째, 계약 체결일로부터 3년 이내에 해지 권한을 행사해야 한다.
 그러나 다음과 같은 경우에는 보험사의 해지권이 제한된다. 보험사가 계약 당시 고지의무 위반 사실을 이미 알고 있었거나, 중대한 과실로 알지 못한 경우, 또는 고지의무 위반 사실을 알고도 1개월 이내에 해지 통보를 하지 않은 경우, 그리고 계약 체결일로부터 3년이 경과한 경우가 이에 해당한다.
 상법 제655조에 따르면, 고지의무 위반이 있더라도 위반 사항과 발생한 보험 사고 사이에 인과관계가 없음이 증명되면 보험사는 보험금을 지급해야 한다. 이는 계약자의 권익을 보호하기 위한 중요한 법적 장치다. 예를 들어, 당뇨병을 숨기고 보험에 가입한 후 교통사고로 보험금을 청구한 경우, 당뇨병과 교통사고 사이에 인과관계가 없으므로 보험사는 보험금을 지급해야 한다.

실제 사례로 보는 고지의무 위반의 결과

실제 사례를 통해 고지의무 위반의 결과를 살펴보면 그 중요성을 더 잘 이해할 수 있다. A씨는 고혈압 진단을 받았으나 이를 고지하지 않고 보험에 가입했다. 2년 후 뇌졸중이 발생하여 보험금을 청구했으나, 보험사는 고지의무 위반을 이유로 계약을 해지하고 보험금 지급을 거절했다. 법원은 고혈압과 뇌졸중 사이의 인과관계를 인정하여 보험사의 결정을 지지했다.

 반면 B씨는 과거 암 진단을 받았으나 이를 고지하지 않고 보험에 가입했다. 4년 후 심장질환으로 입원하여 보험금을 청구했다. 보험사는 고지의무 위반을 발견하고 계약을 해지하려 했으나, 법원은 암 병력과 심장질환 사이에 인과관계가 없음을 인정하여 보험금을 지급하도록 판결했다. 이는 상법 제655조의 인과관계 원칙이 적용된 사례다.

 보험 고지의무는 단순한 형식적 절차가 아닌, 보험 제도의 공정성과 지속 가능성을 유지하기 위한 핵심 원칙이다. 정확한 정보 제공은 궁극적으로 계약자 자신을 보호하는 길이며, 필요한 순간에 보험 혜택을 제대로 받을 수 있는 기반이 된다. 특히 '3년 개념'과 '5년 개념'에 대한 정확한 이해는 보험 계약자로서 자신의 권리와 의무를 명확히 인식하는 데 중요하다. 3년이 지났다고 해서 모든 고지의무 위반이 면책되는 것은 아니며, 5년이 지났다고 해서 모든 과거 병력이 보장되는 것도 아니다. 보험은 장기간 유지되는 계약이므로, 계약 체결 시 꼼꼼한 주의와 정직한 태도가 필요하다.

 결국 보험 계약에서 가장 중요한 것은 정직과 투명성이다. 정확한 정보를 바탕으로 한 보험 계약만이 진정한 안전망 역할을 할 수 있다. 이 글에서 제시한 원칙과 조언들이 여러분의 보험 생활에 실질적인 도움이 되기를 바란다.

3
치료방법별 보험금 부지급 사례

생애주기별 비급여 진료비 현황

노년전기(60~79세) 34.3%, 중년기(40~59세) 33.3%
순으로 높게 나타난다.
아동기 0~9세, 청소년기 10~19세, 청년기 20~39세, 중년기 40~59세, 노년전기 60~79세, 노년후기 80세 이상 으로 구분한다.

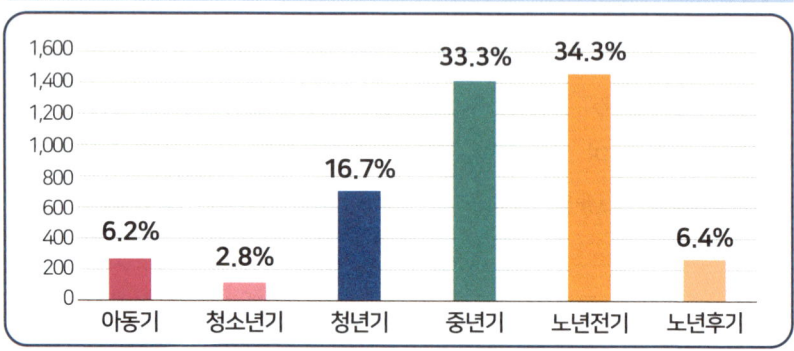

생애주기별 비급여 진료비 구성 현황

생애주기별 비급여 진료비 상위 항목

연령구분	비급여 진료비 상위 항목(진료비 규모)
아동기 0~9세	**1인실 병실료 및 언어장애/발달장애 관련 치료, 인플루엔자 검사** ①1인실 병실료 ②언어치료 ③신경발달중재치료, ④인플루엔자 A·B 바이러스항원검사[현장검사] ⑤제증명수수료·진단서·일반
청소년기 10~19세	**도수치료, 근골격계 MRI 검사 등 근골격계 관련 검사 및 시술료** ①도수치료 ②1인실 병실료 ③발목관절 MRI ④슬관절 MRI ⑤체외충격파 치료
청년기 20~39세	**라식수술, 근골격계 관련 검사 및 시술료, 갑상선암 로봇보조수술** ①도수치료 ②1인실 병실료 ③레이저각막절삭성형술·라식 ④체외충격파치료 ⑤로봇보조수술·갑상선악성종양근치수술·갑상선암
중년기 40~59세	**치과임플란트, 척추 관련 검사 및 시술** ①도수치료 ②치과임플란트-Zirconia ③1인실 병실료 ④체외충격파치료 ⑤척추-요천추 MRI
노년전기 60~79세	**근골격계/척추 관련 검사 및 시술료, 치과임플란트, 전립선암 로봇 보조 수술** ①도수치료 ②척추-요천추 MRI ③1인실 병실료, 로봇보조수술·근치적전립선적출술·전립선암 ④치과임플란트-Zirconia ⑤경피적 경막외강 신경성형술
노년후기 80세 이상	**1인실 및 2인실 병실료, 근골격계/척추 관련 검사 및 시술료(경피적 경막외강 신경성형술)** ①1인실 병실료 ②도수치료 ③척추-요천추 MRI ④경피적 경막외강 신경성형술 ⑤2인실 병실료

치료방법별 보험금 부지급 사례

연령대별로 의료비가 집중되는 항목은 각기 다르다. 영유아는 입원 치료와 특수검사 비용이 많고, 중장년층은 치과 보철과 고비용 내시경 검사, 노년기는 만성질환 관리와 고액 영상 촬영에 대한 비중이 높다. 이러한 차이는 보험 설계뿐만 아니라 실제 보험금 청구 전략에서도 반드시 고려해야 할 요소이다.

치료비가 집중되는 영역일수록 실손보험 청구도 많아지며, 보상을 받는 사례와 함께 예상치 못한 부지급 사례도 자주 발생한다. 다음은 이를 보여주는 대표적인 두 가지 사례이다.

1. RSV 감염 입원과 가족간병비 청구 사례

생후 한 달도 되지 않은 신생아가 RSV(호흡기세포융합바이러스)에 감염되어 1인실에 5일간 입원한 사례가 있다. 부모는 사전에 준비한 태아보험과 실손 특약을 통해 입원비 외에도 가족간병 특약을 활용해 181만 원의 보험금을 청구할 수 있었다. 케어네이션을 통한 간병인 등록 절차를 거쳐 간병비까지 보장받은 이 사례는, 단순 치료비를 넘어 보호자의 간병 역할까지 보장한 실용적인 청구 사례라 할 수 있다.

2. 성장호르몬제 치료 후 실손 부지급 사례

반면, 특발성 저신장 진단을 받은 아동이 전액본인부담으로 성장호르몬제를 투약받은 뒤 실손보험으로 청구했으나 지급이 거절된 사례도 있다. 2021년 7월 이후 개정된 약관에 따라, 의료급여 기준을 벗어난 치료로 발생한 전액본인부담금은 보상 대상에서 제외되었기 때문이다. 법원은 보험사의 지급 거절이 정

3
치료방법별 보험금 부지급 사례

당하다고 판단하였다. 이 사례는 약관 변경에 대한 이해 부족이 어떤 결과를 초래하는지를 보여준다.

두 사례는 모두 보험 가입자가 병원 치료를 받았다는 공통점이 있지만, 하나는 실질적인 보상을 받았고, 다른 하나는 약관 해석의 차이로 인해 보장을 받지 못했다. 보험금은 단순히 치료를 받았다는 사실만으로 지급되지 않으며, 약관에 명시된 보상 요건을 충족해야 한다.

따라서 보험 가입 시에는 보장 항목의 종류뿐 아니라, 질병코드, 치료 방식, 본인부담 구조 등을 꼼꼼히 확인해야 한다. 특히 약제비처럼 제한적 보장 항목은 사전에 보상 가능 여부를 명확히 파악하는 것이 중요하다.

이 책에서는 독자가 직접 약관을 해석하고, 실무적인 청구 판단을 할 수 있도록 실손 청구와 부지급 사례를 함께 제시한다. 보험은 위기를 예방하는 장치가 아니라, 위기 상황에서 회복할 수 있도록 도와주는 도구이다. 그 도구를 제대로 사용하는 방법을 아는 것이야말로 진짜 보험 활용의 시작이다.

2 소비자들이 쉽게 속는 보험사 정책

4
예외질환

예외질환 알면 보험료가 줄어든다?!

예외질환

해당 질환의 치료 이력이 있더라도 보험사에서 인수 가능한 항목으로 정해진 경우 **보장 가능**

유병자 보험 종류

상대적 비싼 보험료

상대적 저렴한 보험료

중증 유병자			일반 유병자		경증 유병자				초경증 유병자		
3.0.5 간편	3.1.5 간편	3.2.5 간편	3.3.5 간편	3.4.5 간편	3.5.5 간편	3.6.5 간편	3.7.5 간편	3.8.5 간편	3.10.5 간편	3.5.10 간편	3.10.10 간편

3개월 이내 입원·수술 재검사 소견

| 입원·수술 확인없음 | 1년 이내 입원·수술 | 2년 이내 입원·수술 | 3년 이내 입원·수술 | 4년 이내 입원·수술 | 5년 이내 입원·수술 | 6년 이내 입원·수술 | 7년 이내 입원·수술 | 8년 이내 입원·수술 | 10년 이내 입원·수술 | 5년 이내 입원·수술 | 10년 이내 입원·수술 |

5년 이내 6대 질병으로 진단·수술·입원

10년 이내 3대 중대질병으로 진단·수술·입원

대표적인 예외질환

감염성 질환
- 콜레라
- 살모넬라 감염
- 식중독
- 아메바증
- 장염
- 폐결핵
- 렙토스피라병
- 동물매개 세균성 질환
- 마이코박테리움감염
- 바르토넬라, 기타세균감염
- 임질
- 클라미디아감염
- 편모충증, 재귀열
- 기타 성병
- 스피로헤타감염, 리케차병
- 발진티푸스
- 중추신경계 바이러스감염
- 단순 헤르페스 감염
- 수두
- 홍역(합병증무)
- 바이러스 사마귀
- 돌발성 발진
- 수족구병
- 급성 A형 간염
- 급성 B형 간염
- 볼거리
- 기타 바이러스 질환
- 기타 바이러스 감염
- 피부진균증
- 칸다다증
- 기타 곰팡이균 감염

근골격계 질환
- 외상성 관절병증
- 기타 관절염
- 무릎관절증
- 손가락관절증
- 기타 척추병증
- 척추협착
- 경추두개증후군
- 요통, 등통증
- 경추상완증후군
- 골부착부병증
- 드퀘르벵병
- 무릎 연골질환
- 회전근개증후군
- 섬유근통
- 내측상과염
- 외측상과염
- 기타 원발성 무릎관절증
- 손가락, 발가락 후천성변형
- 후천성 사지길이 차이
- 무릎반월상연골 파열
- 추간판질환(경추, 흉추, 요추, 천추)
- 디스크(추간판탈출증)
- 기타 섬유모세포, 연조직질환
- 오금의 윤활막낭[베이커]
- 어깨의 유착성
- 관절낭염(오십견)
- 다발성 골부착부병증
- 근육긴장, 기타이상

순환계 질환
- 고혈압
- 정맥염
- 하지정맥류
- 기타부위 정맥류

소화기계 질환
- 치질
- 식도염
- 위궤양
- 급성 위염
- 충수염
- 탈장
- 위장염
- 대장게실
- 변비
- 치핵
- 복막염
- 담석증
- 담낭염
- 위-식도역류병
- 기능성 소화불량
- 과민성 대장증후군
- 항문직장누공, 농양
- 직장농양
- 항문농양
- 담낭의 기타질환

내분비계 질환
- 갑상선기능저하증
- 갑상선염
- 영양결핍, 영양소 부족
- 갑상선 위축
- 갑상선의 기타 장애
- 수분, 내분비대사장
- 갑상선 결절
- 당뇨병
- 고지혈증

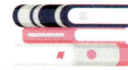

| 예외질환

 현대 사회에서는 의료 기술이 발전하면서 평균 수명이 증가하고 있지만, 동시에 만성질환을 포함한 다양한 건강 문제가 증가하고 있다. 이에 따라 건강 상태가 완벽하지 않은 사람들도 보험을 통해 보장받을 수 있도록 유병자 보험이 활성화되고 있다. 과거에는 기왕력(과거 병력)이 있는 사람들은 보험 가입이 어려웠지만, 최근에는 유병자 전용 보험 상품이 늘어나면서 보다 많은 사람들이 보장 혜택을 받을 수 있는 기회가 생겼다.

 보험 상품은 일반적으로 건강체 보험과 유병자 보험으로 나뉜다. 건강체 보험은 질병 이력이 없거나 경미한 수준일 때 가입이 가능하며, 보험료가 상대적으로 저렴한 반면, 유병자 보험은 과거 병력이 있는 사람들도 가입할 수 있도록 설계되어 있지만 보험료가 높게 책정되는 경우가 많다.

 그러나 유병자 보험 가입 시 반드시 유의해야 할 점이 있다. 유병자 보험은 경증 유병자 보험과 중증 유병자 보험으로 구분되며, 자신의 건강 상태에 따라 적절한 보험을 선택하는 것이 중요하다. 하지만 현실적으로 보험사는 가입자의 건강 상태에 맞는 최적의 유병자 보험을 안내하지 않는 경우가 많다. 이는 보험사가 개별 고객의 건강 정보를 적극적으로 분석하여 가장 유리한 상품을 추천하는 것이 아니라, 상대적으로 보험료가 높은 상품을 중심으로 안내하는 경향이 있기 때문이다. 따라서 유병자라면 스스로 보험 상품을 꼼꼼히 비교하고 신중하게 가입해야 한다.

 유병자 보험은 기본적으로 가입자의 건강 상태 및 병력에 따라 가입 조건이 달라지는 구조로 이루어져 있으며, 예를 들어 3.0.5 보험과 3.10.5 보험을 예를 들어 설명해보자.

4
예외질환

3.0.5 유병자 보험

3.0.5 유병자 보험은 최근 3개월 내 병원 치료 및 검사 이력이 없고, 5년 내 6대 질병(암, 심장질환, 뇌혈관질환, 간경화, 만성 신장질환, 당뇨합병증)으로 수술을 받은 이력이 없는 경우 가입할 수 있다.

상대적으로 가입 요건이 덜 까다롭고, 일반 유병자 보험보다 보험료가 비싼 편이다. 유병자이지만 중증 수준에 해당하는 사람들에게 적합한 보험이다. 하지만 3.0.5 보험에 가입할 수 있는 조건을 충족하는 사람이라도 보험사에서 이를 명확히 안내하지 않는 경우가 많아, 본인이 직접 확인해야 한다.

3.10.5 유병자 보험

3.10.5 유병자 보험은 최근 3개월 내 병원 치료 및 검사 이력이 없고, 10년 내 입원 및 수술 이력이 없는 경우 가입할 수 있다.

3.0.5 보험보다 가입 조건이 더 엄격하다고 볼 수 있지만, 보험료는 상대적으로 저렴하다. 3.0.5 보험 조건을 충족하는 사람이 3.10.5 보험 조건도 충족한다면, 3.10.5 보험이 더 저렴할 가능성이 크다. 하지만 보험사는 3.0.5 보험에만 설명받고 해당 상품에 보험가입을 하게 되면 소비자는 금전적인 손해를 볼 수 있다. 따라서 보험 가입자가 직접 자신의 병력과 가입 조건을 비교해야 한다.

유병자 보험은 앞서 상품처럼 종류별로 가입 조건이 다를 수 있으며, 상황에 따라 더 저렴한 보험에 가입할 수 있음에도 불구하고 보험사가 이를 안내하지 않을 수 있다. 따라서 가입자는 최근 병원 방문 이력, 검사 이력, 입원 및 수술 여부를 직접 확인하고 자신이 가입할 수 있는 유병자보험을 선택해야 한다.

유병자 보험은 일반 건강체 보험보다 보험료가 높지만, 자신의 건강 상태에 비해 필요 이상으로 높은 보험료를 내지 않도록 가입 조건을 잘 따져야 한다. 더 저렴한 보험에 가입할 수 있음에도 비싸고 불필요한 유병자 보험을 추천받을 수 있으므로 신중해야 한다.

PART
3

가입 시기별
보장이 다른
보험상품

1
암보험 변천사

시대별 암보험 상품 변경사항

- 입원/수술/통원비만 존재 진단금 X — 최초 암보험 1988
- 암 진단비 등장 — 진단 급부 등장 1991
- 특정암 진단비 등장 — 특정암진단 급부 등장 2000년대 전후
- 기타 피부암 유사암 분류 2003
- 대장점막내암 소액암 분류 2014
- 간편심사 실버 암보험 2012
- 생식기암 소액암 분류 2009
- 갑상선암 유사암 분류 2007

주요변경1 유사암, 소액암 기준

2003년	기타피부암 유사암 분류
2007년	갑상선암 유사암 분류
2009년	유방, 자궁, 전립선, 방광 소액암 분류
2014년	대장점막내암 소액암 분류

※ 보험사마다 기준이 다를 수 있습니다.

주요변경2 암 전이된 경우

암 보장 개시일

유방암 진단 확정 → 골암 진단 확정

~2011년 3월	2011년 4월~2020년 12월	2021년 1월~
암보장개시일 이후 최초 진단된 암으로 보면 암보험금 지급 대상	원발암인 유방암 기준으로 판단하면 암보장개시일 전의 암의 진단 확정에 해당하여 보험계약 무효	암보장개시일 이후 최초 진단된 암에 해당?
원발 부위 상관없이 암 진단비 지급	원발 부위 기준 조항 신설 이차성암의 원발 부위가 확인 시 원발 부위 암 진단비 지급	원발 부위 기준 세부 내용 명시

| 암보험 변천사

　암보험은 시대에 따라 변화하며, 보험사의 보장 범위와 보장 기준도 점진적으로 조정되어 왔다. 암보험의 변천사를 살펴보면, 1988년 최초로 암보험이 등장한 이후, 1991년 진단 급부 개념이 도입되었고, 2000년대 전후로 특정 암에 대한 진단 급부가 등장했다. 이후 2003년 기타피부암이 유사암으로 분류되었으며, 2007년에는 갑상선암이 유사암 범주에 포함되었다. 2009년에는 유방암, 자궁암, 전립선암, 방광암이 소액암으로 재분류되었으며, 2014년에는 대장점막내암이 소액암으로 추가되었다.

　이러한 변화는 암보험 가입자에게 중요한 영향을 미친다. 과거에는 암 진단 시 동일한 보장금액이 지급되었으나, 시간이 지나면서 암의 종류에 따라 지급액이 달라지는 방식으로 변경되었다. 특히 유사암과 소액암의 기준이 세분화되면서, 일부 암은 일반 암보다 낮은 금액을 보장받게 되었다. 예를 들어, 기타피부암과 갑상선암이 유사암으로 분류되면서, 해당 암 진단 시 일반 암보다 적은 보험금을 지급받는 경우가 많아졌다. 반면, 특정한 고위험 암에 대해서는 여전히 높은 보장을 받을 수 있는 구조가 유지되고 있다.

　또한, 암보험의 중요한 요소 중 하나는 암 전이가 된 경우 보장 여부이다. 보험사에서는 암보장 개시일 이후 최초로 암이 진단된 경우에 보험금을 지급하며, 암이 전이된 경우에도 기존 보장 조건에 따라 보상이 이루어진다. 예를 들어, 유방암으로 최초 진단된 이후 골암으로 전이된 경우, 골암 진단 시 추가적인 보험금 지급 여부는 보험 상품에 따라 달라질 수 있다. 일반적으로 전이된 암은 별도의 신규 암으로 보지 않고, 최초 암 진단을 기준으로 보장이 이루어지는 경우가 많다. 따라서 보험 가입 시 전이 암에 대한 보장 조건을 명확하게 확인하는 것이 중요하다.

1
암보험 변천사

　암보험을 선택할 때 고려해야 할 또 다른 중요한 요소는 간편심사 실버 암보험의 도입이다. 2012년 이후, 고령자도 쉽게 가입할 수 있도록 간편심사 암보험이 출시되었다. 이는 기존 암보험 가입이 어려웠던 사람들에게도 보장 기회를 제공하는 중요한 변화였다. 특히, 건강 상태나 기존 질환 여부와 관계없이 간편하게 가입할 수 있도록 심사 절차가 간소화되었으며, 이에 따라 노년층의 암보험 접근성이 크게 개선되었다.

　암보험을 선택할 때는 단순히 보장 금액만이 아니라, 보장 범위와 지급 조건을 꼼꼼히 살펴보는 것이 필수적이다. 특정 암이 유사암이나 소액암으로 분류될 경우 지급액이 감소할 수 있기 때문에, 자신이 걱정하는 질환이 어떤 분류에 속하는지 확인해야 한다. 또한, 암보장 개시일과 면책 기간을 확인하여 보험 가입 후 언제부터 보장이 개시되는지도 중요한 요소이다. 대부분의 암보험은 가입 후 일정 기간 동안 암 진단이 이루어지면 보장 대상에서 제외될 수 있으므로, 보험 가입 시 이에 대한 사항을 충분히 숙지해야 한다.

　최근에는 보험사별로 다양한 암보험 상품이 출시되면서, 개인의 필요에 맞는 맞춤형 선택이 가능해졌다. 특히, 전이암이나 재발암에 대한 보장을 강화한 상품도 등장하고 있으며, 일부 상품은 면역항암치료나 표적치료 비용까지 보장하는 경우도 있다. 이러한 점을 고려하여 본인의 건강 상태와 가족력 등을 기반으로 적절한 암보험을 선택하는 것이 중요하다. 암보험은 단순히 진단 이후의 경제적 부담을 덜어주는 역할뿐만 아니라, 암 치료 후에도 지속적인 보장을 받을 수 있도록 설계되어야 한다.

　결론적으로, 암보험은 시대의 변화에 따라 점진적으로 발전해 왔으며, 유사암과 소액암의 개념이 도입되면서 보장 범위가 세분화되었다. 가입자는 보험 상품의 특성을 정확히 파악하고, 암 진단 시 어떤 보장을 받을 수 있는지 미리 확인하는 것이 중요하다. 또한, 암 보장 개시일과 전이암 보장 여부, 추가적인 치료비 지원 여부 등을 종합적으로 고려하여 자신에게 맞는 보험을 선택해야 한다. 암 보험을 통해 예기치 못한 암 진단 시 경제적 부담을 최소화하고, 보다 안정적인 치료와 회복을 준비할 수 있도록 철저한 대비가 필요하다.

2
경험생명표와 연금보험

경험생명표란?

보험에 가입한 사람을 대상으로 생존, 사망통계를 이용하여 성별 사망률을 계산한 표로 연금보험에서 사용된다.

경험생명표에 따른 연금 수령액 계산법

 = 연금 총 적립액 / 경험생명표 (예상연금지급기간) × 수익률이 영향  경험생명표  연금수령액

경험생명표에 따른 평균수명 변동 추이

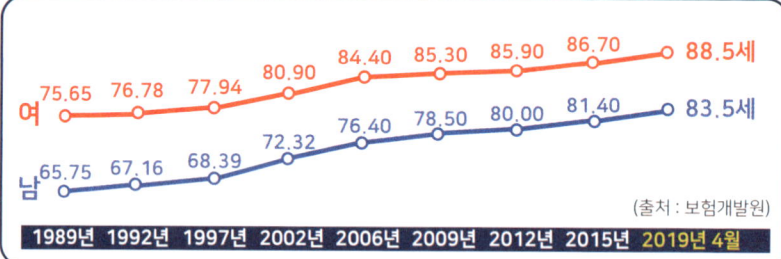

연도	여	남
1989년	75.65	65.75
1992년	76.78	67.16
1997년	77.94	68.39
2002년	80.90	72.32
2006년	84.40	76.40
2009년	85.30	78.50
2012년	85.90	80.00
2015년	86.70	81.40
2019년 4월	88.5세	83.5세

(출처 : 보험개발원)

경험생명표에 따른 평균수명 변동 추이

구분		3회 → 4회	4회 → 5회	5회 → 6회	6회 → 7회
변경시점		2002.12	2006.04	2010.01	2012.04
평균수명	남자	72.3세	76.4세	78.5세	80.0세
	여자	80.9세	84.4세	85.3세	85.9세
최대수명	남자	103세	104세	104세	110세
	여자	109세	110세	110세	112세
보험료 변경현황	암(질병)보험	-	+5% ~ 10%	+10.2% ~ 27.7%	+10% ~ 15%
	연금보험	+5% ~ 10%	+5% ~ 13%	+3.2% ~ 8%	+5% ~ 10%

경험생명표와 연금보험

경험생명표는 보험 및 연금 상품의 기초가 되는 중요한 통계 자료로, 일정 기간 동안 특정 집단의 생존 및 사망 확률을 나타낸다. 보험사는 이 자료를 활용하여 보험료 및 연금 지급액을 산정하는데, 이는 고객이 보험 상품을 선택할 때 고려해야 할 중요한 요소 중 하나다. 경험생명표는 보험 가입자의 연령, 성별, 건강 상태 등에 따른 생존율을 기반으로 작성되며, 보험 상품 설계의 핵심 요소로 작용한다.

경험생명표는 보험 및 연금보험의 재정적 안정성을 보장하는 역할을 한다. 보험사는 가입자의 기대 수명을 예측하고, 이에 따라 보험료 및 연금 지급액을 결정한다. 이 과정에서 사용되는 생명표는 일반적으로 일정 기간마다 갱신되며, 보험사의 데이터뿐만 아니라 정부 기관 및 학계에서 수집한 통계를 반영하여 보다 정확한 예측을 가능하게 한다.

연금보험과 경험생명표의 관계는 밀접하다. 연금보험은 가입자가 일정 기간 동안 보험료를 납입하고, 일정 연령에 도달하면 정기적으로 연금을 지급받는 형태의 금융 상품이다. 이때 연금보험사는 경험생명표를 이용해 가입자의 기대 수명을 계산하고, 지급해야 할 연금액을 설정한다. 경험생명표에서 기대 수명이 증가하면 연금 지급 기간이 길어지고, 이에 따라 연금보험료가 상승할 수 있다. 반대로 기대 수명이 낮아질 경우 연금 지급 기간이 단축되어 보험사의 재정적 부담이 줄어들 수 있다.

경험생명표를 활용한 연금보험 상품의 설계는 매우 중요하다. 특히 연금보험에는 확정형 연금과 종신형 연금이 있으며, 각각의 경우 경험생명표의 역할이 다르게 적용된다. 확정형 연금은 정해진 기간 동안 일정 금액을 지급하는 방식으

2
경험생명표와 연금보험

로, 경험생명표의 변동에 따른 영향을 크게 받지 않는다. 반면, 종신형 연금은 가입자의 생존 여부에 따라 연금 지급 기간이 결정되므로, 경험생명표의 변화가 직접적인 영향을 미친다. 기대 수명이 증가하면 보험사는 지급해야 할 연금 총액이 늘어나므로, 연금 개시 연령을 조정하거나 지급액을 변경하는 방식으로 대응할 수 있다.

경험생명표는 보험료 산정에도 영향을 미친다. 보험사는 경험생명표를 바탕으로 특정 연령대에서 발생할 수 있는 사망 확률을 계산하고, 이에 따라 적절한 보험료를 책정한다. 일반적으로 기대 수명이 길어질수록 보험료는 감소하는 경향이 있으며, 이는 연금보험 가입자에게 유리한 요소로 작용할 수 있다. 하지만 기대 수명이 지나치게 증가할 경우 연금보험의 지급 부담이 증가하여, 보험사의 재정 건전성 유지가 중요한 이슈로 떠오를 수 있다.

또한, 경험생명표의 변동은 국가의 정책 변화에도 영향을 미친다. 정부 및 금융감독 기관은 경험생명표의 변화를 반영하여 공적 연금 및 퇴직연금의 지급 방식을 조정하기도 한다. 예를 들어, 국민연금의 경우 경험생명표를 활용해 연금 지급 개시 연령을 조정하거나, 지급률을 변경하는 방식으로 재정적 안정을 도모할 수 있다. 이러한 변화는 개인이 연금보험을 선택할 때 장기적인 관점에서 고려해야 할 요소 중 하나다.

경험생명표를 고려한 연금보험 선택 시, 가입자는 자신의 기대 수명뿐만 아니라 경제적 상황, 은퇴 이후의 생활 계획 등을 종합적으로 분석해야 한다. 종신형 연금보험을 선택할 경우 장수할수록 경제적으로 유리하지만, 반대로 기대 수명이 짧다면 확정형 연금이 더 적절한 선택이 될 수 있다. 또한, 연금 개시 연령을 늦추면 지급액이 증가하는 방식으로 조정할 수도 있으므로, 이를 활용한 전략적

설계가 필요하다.

　결론적으로 경험생명표는 연금보험뿐만 아니라 다양한 보험 상품에서 중요한 역할을 하며, 이를 바탕으로 보험사는 리스크를 관리하고 가입자는 적절한 상품을 선택할 수 있다. 연금보험을 고려하는 가입자는 경험생명표의 변화와 이에 따른 연금 지급 방식의 변화를 면밀히 분석해야 하며, 장기적인 재무 계획을 세울 때 이 요소를 반드시 반영해야 한다. 이에 따라 연금보험 상품을 선택할 때는 전문가의 조언을 참고하고, 자신의 재정 상황과 기대 수명에 맞는 맞춤형 상품을 설계하는 것이 바람직하다.

3
운전자보험 변천사

운전자보험이란?

자동차를 운전하는 운전자가 가입하는 선택적인 보험으로 교통사고 시 발생할 수 있는 형사적 책임을 보장하는 보험입니다.

운전자보험 적정 가입금액

교통사고 처리 지원금 　　　　　　　　　원
12대 중과실 또는 중상해 교통사고는 형사처벌 대상입니다.
형사합의금을 통해 사건을 원만히 해결해야 하지만 해당 사고 시 합의금이 발생할 수 있습니다.

운전자 벌금 　　　　　　　　　원
과실, 의무 위반으로 교통하고 발생 시 최대 3천만 원 벌금형에 처해집니다.
특정범죄 가중처벌에 관한 법률 제 5조의 132: 어린이를 상해에 이르게 한 경우 1년 이상 15년 이하의 징역 또는 200만 원 이상 3천만 원 이하의 벌금에 처함

자동차 사고 변호사 선임비용 　　　　　　　　　원
교통사고로 중상해 및 사망사고인 경우 변호사 선임비용은 필수입니다.

운전보험 변천사

2009.10
형사합의금(정액) → 교통사고처리지원금(실손/후지급)
방어비용(정액) → 변호사선임비용(실손)

2017.01
교통사고처리지원금 '후지급' → '선지급'변경

2019
2월 변호사선임비용 1천만 → 2천만 원으로 한도 상향
7월 교통사고처리원금 7천만 → 1억 원으로 한도 상향
(2019년 8월 운전자보험적용)

2022
10월 교통사고처리지원금 개정(공탁금 50%선지급)
12월 변호사선임비용 7천 한도상향

2023
1월 31일 변호사선임비용(경찰조사포함)
7월 24일 변호사선임비용 선지급 50%

2024
1월 교통사고 처리지원금 중대과실 30주 이상 2억 신설
9월 교통사고 처리지원금 선지급 50% → 100%변경
변호사선임비용 선지급 50% → 70%변경

|운전자보험 변천사

 운전자보험은 교통사고로 인해 발생하는 법적, 재정적 부담을 완화하기 위한 상품으로, 시대와 함께 발전해 왔다. 초기에는 교통사고로 인한 형사적 책임을 대비하는 데 초점이 맞춰져 있었으나, 최근에는 공탁금 선지급과 비탑승 중 사고 보장 등 새로운 담보를 추가하며 보다 실질적인 보장을 제공하고 있다. 운전자보험의 변천사를 살펴보며, 변화의 의미와 최신 담보의 중요성을 알아보자.

 운전자보험은 교통사고로 발생할 수 있는 형사합의금, 벌금, 변호사 선임비용 등을 보장하기 위해 도입되었다. 이는 교통사고처리특례법에 따라 일반 과실 사고와 달리, 12대 중과실 사고와 같은 경우 형사처벌 대상이 되는 상황에서 운전자의 법적 부담을 줄이는 데 중점을 두었다. 초기 운전자보험은 자동차보험의 한계를 보완하는 역할을 했다. 자동차보험이 피해자에게 발생한 인적·물적 손해를 보상하는 데 집중한 반면, 운전자보험은 운전자 본인의 법률적·행정적 책임을 보호하는 데 특화되어 있었다.

 운전자보험은 시장의 성장과 함께 담보를 다양화하며 발전해 왔다. 교통사고로 인한 형사적 책임 외에도 다양한 상황에서 운전자를 보호하기 위해 새로운 특약과 보장 내용이 추가되었다. 공탁금은 교통사고 피해자에게 경제적 피해를 보상하기 위해 법원에 예치하는 금액이다. 기존에는 운전자가 공탁금을 스스로 마련해야 했지만, 최근 운전자보험은 공탁금 선지급 특약을 통해 보험사가 이를 대신 지원한다. 공탁금 선지급은 운전자의 재정적 부담을 덜어주며, 피해자와의 신속한 합의를 돕는다. 이는 형사적 분쟁을 최소화하고 피해자 보호를 강화하 는 효과를 제공한다.

3
운전자보험 변천사

　운전 중 사고뿐 아니라, 운전자가 차량에 탑승하지 않은 상태에서 발생하는 사고를 보장하는 특약도 등장했다. 예를 들어, 주차장에서 차량 주변에서 발생한 사고나 차량 점검 중 넘어져 부상을 입는 경우도 포함된다. 비탑승 중 사고 보장은 운전자의 일상적인 안전까지 보호하며 실질적인 도움을 제공한다. 운전자보험은 다양한 상황을 대비할 수 있는 담보를 포함하고 있으며, 가입 시 몇 가지 사항을 고려해 선택하는 것이 중요하다. 공탁금 선지급 특약은 사고 후 재정적 부담을 줄이고 피해자와 신속히 합의할 수 있도록 돕는다. 비탑승 중 사고 보장은 차량 주변에서 발생할 수 있는 사고까지 포괄적으로 대비할 수 있다. 중상해 및 법률비용 보장을 강화하여 중과실 사고나 법적 분쟁에 대비할 수 있는 특약을 선택하는 것이 중요하다.

　최근에는 운전자보험이 더욱 발전하면서 실질적인 보장이 강화되고 있다. 변호사 선임 비용을 선지급하는 상품이 등장해 사고 발생 시 신속한 법적 대응이 가능하도록 지원하며, 운전자보호법 개정에 따라 형사책임에 대한 대비책이 더욱 필요해졌다. 보험사들은 운전자 보험의 가입 범위를 넓히고 있으며, 사고 발생 후 운전자의 부담을 최소화하기 위한 다양한 담보를 추가하고 있다. 특히 어린이 보호구역에서의 사고 발생 시 강화된 처벌 조항에 맞춘 운전자보험 상품도 등장하며, 법률비용과 피해자 보상책을 함께 제공하는 형태로 변화하고 있다.

　운전자보험은 초기의 법률비용 보장에서 시작해, 운전자의 일상적 안전까지 포괄하는 상품으로 발전하고 있다. 공탁금 선지급, 비탑승 중 사고 보장 등 실질적인 담보는 운전자의 경제적 안정성을 높이고, 사고 후 신속한 문제 해결을 돕는다. 교통사고 발생 후 법적 책임과 경제적 부담을 최소화하기 위해서는 운전자보험 가입이 필수적이다. 운전자보험은 선택 가입 상품이지만, 교통사고로 인한 형사적 책임을 대비하기 위해 필수적인 금융상품으로 자리 잡고 있다. 운전자의 상황에 맞는 적절한 담보를 선택해 미래의 불확실성을 대비하는 것이 중요하며, 교통사고 발생 시 신속하고 효과적인 대응을 가능하게 한다.

4. 실손보험 변천사

주요내용

구분	1세대 ('03. 10월) 표준화 이전	2세대 ('09. 8(10)월) 표준화 I	2세대 ('13. 1(4)월) 표준화 II	2세대 ('16. 1월) 표준화 III	3세대 ('17. 4월) 착한실손	4세대 ('21. 7월) -
보험기간	80세, 100세	100세	15년 재가입	좌동	좌동	5년 재가입
갱신주기	3년, 5년	3년	1년	1년	1년	1년
담보구성	상해의료비 상해/질병 입·통원	상해/질병 입·통원 종합 입·통원	상해/질병 입·통원	좌동	기본 : 상해/질병 입·통원 특약 : 비급여 3개 특약	기본 : 상해/질병 특약 : 상해/질병/3대
자기부담금 (공제액)	자기부담금 0% 약제 5천원	입원 10% (연간 자부담 200만원 한도), 외래 1~2만, 약제 8천원	입원 20% (연간 자부담 200만원 한도) 외래 1~2만 or 20% 약제 8천원 or 20%	입원 급여 10%, 비급여 20% (연간 자부담 200만원 한도) 외래 1~2만 or 급여 10%, 비급여 20% 약제 8천원 or 급여 10%, 비급여 20%	좌동 특약 2만 or 30%	급여 병, 의원 1만원 상급종합 2만원 or 20% 비급여 3만원 or 30%
보장비율	손보 100%, 생보 80%	90%	선택 급여 90% 비급여 80%	선택 급여 90% 비급여 80%	선택 급여 90% 비급여 80% 특약 70%	선택 급여 80% 비급여 70%
면책기간 (입원)	180일 (질병만)	90일	90일, 같은 질병인 경우 180일	275일 이후 90일, 275일 이내 365일	좌동 비급여 특약 한도/횟수 제한	보험료차등제
상급병실	상급병실 차액 50%	상급병실 차액 50% (1일 10만 한도)	좌동	좌동	좌동	좌동
가입금액	입원 최대 1억 10만원, 30만원, 100만원	입원 최대 5천만 통원 최대 30만	좌동	좌동	기본 : 좌동 3대비급여특약 : 도수 350 (50회) 주사 250 (50회) MRI 300만	입원 5천만원 통원 20만원 비급여3대특약 좌동 도수, 주사 비급여 10회 효과 확인 후 50회 한도

보상하지 않는 손해

구분	1세대 ('03. 10월) 표준화 이전	2세대 ('09. 8(10)월) 표준화 I	2세대 ('13. 1(4)월) 표준화 II	2세대 ('16. 1월) 표준화 III	3세대 ('17. 4월) 착한실손	4세대 ('21. 7월) -
치매	X	O	O	O	O	O
치질	X	O(급여)	O(급여)	O(급여)	O(급여)	O(급여)
한방병원	△(입원O, 통원X)	O(급여)	O(급여)	O(급여)	O(급여)	O(급여)
치과	△(상해O, 질병X)	O(급여)	O(급여)	O(급여)	O(급여)	O(급여)
정신과	X	△(F00-F03 보장)	△(F00-F03 보장)	O(일부 F코드 제외)	O(일부 F코드 제외)	O(일부 F코드 제외)
해외치료	O(40%)	X	X	X	X	X
자의입원	O(40%)	O(40%)	O(40%)	X	X	X
백내장	O	O	O	X	X	X
불임관련 질환	X	X	X	X	X	O(급여)
피부질환	X	X	X	X	X	O(급여)
선천성 기형	X	O(선천뇌질환면책)	O(선천뇌질환면책)	O(선천뇌질환면책)	O(선천뇌질환면책)	O(선천뇌질환보상)

실손보험 변천사

실손보험은 의료비 부담을 덜어주기 위해 도입된 보험 상품으로, 시대의 변화에 따라 1세대부터 4세대까지 여러 차례 개편이 이루어졌다. 실손보험의 개정은 보험 가입자의 부담을 줄이고, 지속 가능한 의료보장 체계를 구축하기 위한 목적에서 시행되었다. 실손보험은 보험기간, 갱신주기, 담보구성, 자기부담금, 보장비율, 면책기간, 상급병실 사용 여부, 가입금액 등의 요소에 따라 차이를 보이며, 이에 따라 각 세대별 특징을 이해하는 것이 중요하다.

1세대 실손보험은 2009년 7월 이전에 판매된 상품으로, 비갱신형이거나 3년 갱신형 상품이 많았다. 담보구성은 입원의료비와 통원의료비를 보장하며, 자기부담금이 없거나 매우 낮았다. 보장비율은 100%에 달했으며, 입원의료비 면책기간이 없고 상급병실료도 보장되었다. 가입금액에 대한 제한이 크지 않았기 때문에 보험 가입자가 부담 없이 의료비를 청구할 수 있었다. 그러나 손해율이 급증하면서 보험료 인상이 불가피해졌고, 지속 가능성 문제가 제기되었다.

2세대 실손보험은 2009년 8월부터 2017년 3월까지 판매된 상품으로, 갱신주기가 1년으로 변경되었으며, 자기부담금이 도입되었다. 보장비율은 90%로 조정되었으며, 일부 비급여 항목의 보장이 제한되었다. 특히 상급병실료는 50%까지만 보장되었으며, 가입금액도 조정되어 과도한 청구를 방지하려는 조치가 이루어졌다. 이는 실손보험의 지속 가능성을 확보하기 위한 중요한 변화였다.

3세대 실손보험은 2017년 4월부터 2021년 6월까지 판매된 상품으로, 비급여 항목의 자기부담금이 증가했다. 보장비율은 급여항목 90%, 비급여항

4
실손보험 변천사

목 70%로 조정되었으며, 면책기간이 일부 도입되었다. 또한, 상급병실 보장 범위가 축소되었으며, 선택진료비 등의 항목이 제한되었다. 이는 보험사의 손해율을 낮추고, 실손보험의 지속 가능성을 보장하기 위한 조치였다.

 4세대 실손보험은 2021년 7월 이후 판매된 상품으로, 자기부담금이 대폭 확대되었으며, 급여와 비급여 항목의 보장비율이 더욱 조정되었다. 급여항목은 90% 보장이 유지되었지만, 비급여항목은 50%까지 낮아졌으며, 일부 비급여 항목에 대해 특약 가입이 필요하게 되었다. 또한, 자기부담금이 비급여 항목에 대해 30%~50%로 확대되면서, 의료기관 이용 시 본인 부담이 더욱 커졌다. 이는 불필요한 의료비 지출을 줄이고, 보험료 부담을 완화하기 위한 개편으로 평가된다.

 실손보험 개편과 함께, 각 세대별 보상하지 않는 손해 항목도 변화했다. 1세대 실손보험에서는 대부분의 의료비가 보장되었으나, 2세대 이후부터는 치매, 치질, 한방병원 치료, 치과 치료, 정신과 진료, 해외 치료, 자의입원, 백내장 수술, 불임 관련 질환, 피부질환, 선천성 기형 등은 보장에서 제외되었다. 특히 4세대 실손보험에서는 이러한 보상 제외 항목이 더욱 명확하게 규정되었으며, 일부 항목은 특약 가입을 통해 보장받을 수 있도록 변경되었다.

 실손보험 가입을 고려할 때는 본인의 건강 상태와 의료 이용 패턴을 고려하여 가장 적절한 상품을 선택하는 것이 중요하다. 1세대와 2세대 실손보험 가입자는 기존 상품을 유지할 것인지, 4세대 실손보험으로 전환할 것인지 신중하게 검토해야 한다. 4세대 실손보험은 보험료가 낮아지는 장점이 있지만, 보장 범위가 축소되므로 본인의 의료비 부담이 증가할 가능성이 있다. 반면, 기존 실손보험을 유지하면 보장 범위가 넓지만, 보험료가 지속적으로 인상될 수 있는 단점이 있다.

 결론적으로, 실손보험의 변천사는 단순한 보험 상품의 변화가 아니라, 의료비 보장 체계의 변화를 반영하는 중요한 과정이다. 각 세대별 실손보험의 장단점을 파악하고, 본인의 건강 상태와 경제적 상황에 맞는 실손보험을 선택하는 것이 필수적이다. 앞으로도 실손보험은 지속적으로 개편될 가능성이 높으며, 가입자는 최신 정보를 주기적으로 확인하고 보험 상품을 비교하여 최적의 선택을 해야 한다.

5. 실손의료비 가입시기별 면책기간

가입시기	상해의료비	입원의료비	통원의료비
2003년 10월 ~ 2009년 7월	하나의 사고 일로부터 180일간 보장하고 이후에는 더 이상 보상하지 않음 180일 보상기간 / 365일 경과 면책 사고일 — 365일	**[상해]** 하나의 사고 일로부터 1년간 보장하고 이후에는 더 보장하지 않음 365일 보상기간 / 365일 경과 면책 사고일 — 365일 **[질병]** 하나의 사고로부터 365일 보장 후 180일 면책기간 발생 후 재보장 365일 보상기간 / 180일 경과 면책 / 보상한도 복원 발병일 — 365일 — 입원일	**[상해]** 한 사고당 365일 또는 연간 30회 한도 보장 365일 보상기간 (30회 한도) / 365일/30회 한도 경과 면책 사고일 — 365일 **[질병]** 하나의 질병 연간 30회 보장 후 180일 면책기간 발생 후 재보장 365일 보상기간 / 180일 면책기간 / 보상한도 복원 통원일 — 365일 — 통원일
2009년 8월 ~ 2014년 3월		하나의 사고로부터 365일 보장 후 90일 면책기간 발생 후 재보장 365일 보상기간 / 90일 경과 면책 / 보상한도 복원 발병일 — 365일 — 입원일	매년 계약해당일로부터 1년간 180회 한도 365일 180회 한도 보상 / 보상한도 복원(365일 180회 보상) 사고일 — 365일
2014년 4월 ~ 2015년 12월		하나의 사고로 최초 입원일로부터 365일간 보장 후 90일 면책기간 발생, 이후 재보장 (최종 퇴원일 기준 180일 경과 시 한도 복원 ▶ 2014.03 이전 적용 X)	매년 계약해당일로부터 1년간 180회 한도
2016년 1월 ~ 2021년 6월		5천만 원 소진 시 90일 면책기간 발생 / 275일 이내 소진 시 최초 입원일로부터 365일까지 면책기간 ■ 발병(입원)일 기준 가입금액 한도 보상(입원일 275일 이상/이내 구분) 최초입원일 ~ 보상한도(5천만원 한도) 종료일이 275일(365일~90일) 이상인 경우 90일 면책기간 이후 보상한도 복원 한도 5천 보상완료 / 90일 경과 면책 / 보상한도 복원 275일 이상 입원 시 발병일 — 365일 — 입원일 *가입금액(5천만 원 가입 시) 최초입원일 ~ 보상한도(5천만 원 한도) 종료일이 275일(365일~90일) 이내인 경우 최초입원일로부터 365일 경과 후 보상한도 복원 한도 5천 보상완료 / 212일 보상제외 / 보상한도 복원 135일 이상 입원 시 발병일 — 보상한도 종료일 — 365일 *가입금액(5천만 원 가입 시)	매년 계약해당일로부터 1년간 180회 한도
2021년 7월 ~		연간 5천만 원 한도	연간 5천만 원 한도

| 실손의료비 가입시기별 면책기간

　실손의료비 보험은 의료비 부담을 줄이기 위한 중요한 금융상품으로, 시대에 따라 변화하며 보장 내용과 조건이 조정되어 왔다. 실손보험 가입 시 중요한 것은 단순히 과거의 면책기간과 보장 한도를 비교하는 것이 아니라, 현재와 미래에 실질적으로 필요한 보장이 무엇인지 파악하는 것이다. 실손보험은 가입자가 의료비를 효과적으로 보전받을 수 있도록 설계되었으며, 지속적인 개정을 거치며 보장 내용이 변화해왔다.

　과거 실손보험이 다소 제한적인 보장 범위를 가졌다면, 최근에는 의료비 부담을 더욱 완화하기 위한 다양한 개편이 이루어졌다. 특히 보장 한도를 단순화하고, 면책기간을 조정하여 가입자가 보다 명확한 기준을 가지고 활용할 수 있도록 개선되었다. 또한, 보험사마다 보장 내용이 다를 수 있으므로 가입자는 본인의 건강 상태와 의료비 지출 패턴을 고려하여 적절한 상품을 선택하는 것이 중요하다.

　최근 실손보험의 변화 중 주목할 만한 점은 의료비 지급 방식의 변화다. 과거에는 일정 기간 동안 한도를 설정하고 면책기간을 두는 방식이 일반적이었으나, 현재는 연간 보장 한도를 설정하여 의료비 부담을 보다 직관적으로 계산할 수 있도록 하고 있다. 이는 가입자들이 예상치 못한 의료비를 보다 안정적으로 대비할 수 있도록 설계된 것이다. 또한, 통원의료비 보장 역시 연간 기준으로 설정되어 있어 의료기관 방문이 잦은 가입자들에게 보다 유리한 형태로 변화했다.

　실손보험을 가입할 때 고려해야 할 요소는 단순히 보장 한도뿐만이 아니다. 실손보험의 핵심은 보장 범위, 면책 조건, 그리고 보험료 변동 가능성을 함께 고

5
실손의료비 가입시기별 면책기간

려하는 것이다. 특히 보험료는 가입 후 지속적으로 변동할 수 있으며, 연령이 높아질수록 보험료 부담이 커질 수 있다. 따라서 보험료 갱신 방식과 이에 대한 대책을 함께 검토하는 것이 중요하다.

 실손보험은 의료비 보장의 기본적인 역할을 하지만, 실손보험만으로는 모든 의료비를 해결할 수 없다. 따라서 실손보험과 함께 특정 질환을 보장하는 진단비 보험이나 정액 보상형 보험을 병행하여 가입하는 것도 고려할 필요가 있다. 특히 장기적으로 입원할 가능성이 있는 질환이나 고액 치료가 필요한 질병을 대비하려면 실손보험과 더불어 암보험, 중대질병보험 등의 추가 보장을 준비하는 것이 바람직하다.

 결국 실손보험은 단순히 과거의 면책기간과 보장 내용을 비교하는 것이 아니라, 현재의 보장 체계를 충분히 이해하고 본인의 건강 상태와 재정 계획에 맞게 선택하는 것이 가장 중요하다. 보장 내용이 지속적으로 개편되는 만큼, 주기적으로 자신의 보험을 점검하고 필요에 따라 조정하는 것이 바람직하다. 의료비 부담이 계속 증가하는 상황에서 실손보험을 효과적으로 활용하기 위해서는 보험의 개념을 단순한 보장 상품이 아닌 장기적인 재정 계획의 일부로 바라볼 필요가 있다.

3 가입 시기별 보장이 다른 보험상품

6 후유장해 진단금

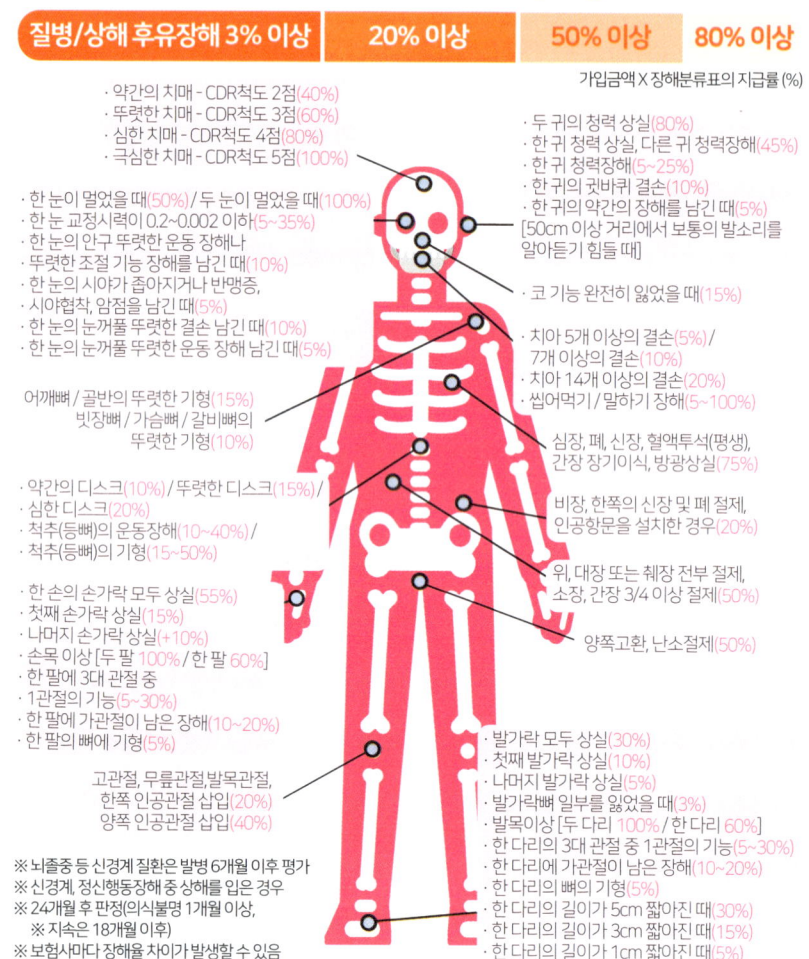

후유장해 진단금

　후유장해 진단금은 사고나 질병으로 인해 신체적 손상이 발생하여 정상적인 생활이 어려워진 경우 지급되는 보험금이다. 이는 단순히 치료비를 보장하는 것에서 나아가, 장기적인 경제적 부담을 덜어주기 위한 보장으로 매우 중요한 역할을 한다. 특히, 후유장해는 회복이 어렵거나 영구적인 장애로 이어질 가능성이 높기 때문에 사전에 대비하는 것이 필수적이다.

　후유장해는 크게 질병 후유장해와 상해 후유장해로 나뉜다. 질병 후유장해는 암, 뇌졸중, 심혈관질환 등과 같은 질병으로 인해 신체 기능이 저하되거나 특정 장기가 정상적인 기능을 하지 못하는 상태를 의미한다. 예를 들어, 뇌졸중으로 인해 반신마비가 발생하거나, 당뇨병으로 인해 시력이 크게 저하되는 경우가 이에 해당한다. 이러한 경우 의료비뿐만 아니라 지속적인 간병비, 재활치료비 등의 부담이 커지므로, 이에 대한 보장을 마련하는 것이 중요하다.

　상해 후유장해는 외부의 물리적인 충격이나 사고로 인해 신체적 장애가 발생한 경우를 의미한다. 예를 들어, 교통사고로 인해 사지가 절단되거나, 낙상으로 인해 척추에 손상이 생기는 경우가 이에 해당한다. 상해 후유장해는 신체 부위별 손상 정도에 따라 보험금이 차등 지급되며, 노동능력의 상실 여부도 중요한 고려 요소가 된다. 후유장해 진단이 내려지면 보험사에서는 이에 대한 적절한 보장금을 지급하여 생활 안정을 도모하게 된다.

　후유장해보험금은 특약 형태로 가입할 수 있으며, 보장 범위와 지급률은 신체 부위별로 다르게 적용된다. 일반적으로 후유장해 지급률은 신체의 각 부위별로 세분화되어 있으며, 장애 정도에 따라 차등 지급된다. 예를 들어, 시력을 완전히 상실한 경우와 시력 일부만 저하된 경우 지급되는 보험금이 다르게 책정된다.

6
후유장해 진단금

손가락 절단, 팔이나 다리의 절단 여부, 척추 손상으로 인한 하반신 마비 등의 경우에도 각각 다른 지급률이 적용된다.

신체 부위별 지급률을 살펴보면, 일반적으로 두 눈의 실명이나 사지의 절단 등 완전한 장애 상태가 된 경우 후유장해보험금의 100%를 지급받을 수 있다. 한쪽 눈을 실명한 경우는 약 50% 지급률이 적용되며, 손가락이나 발가락 일부를 잃은 경우에는 5~30% 범위 내에서 지급이 이루어진다. 척추 손상으로 인해 하반신이 마비되는 경우에도 높은 지급률이 적용되며, 뇌졸중 후유증으로 인한 반신마비 역시 상당한 보험금이 지급될 수 있다.

후유장해보험금 특약은 일반적인 후유장해뿐만 아니라 특정 질환이나 사고 유형에 따라 다양한 옵션이 제공된다. 예를 들어, 교통사고 후유장해 보장은 교통사고로 인한 후유장해를 집중적으로 보장하는 특약이며, 특정 질환 후유장해 특약은 암이나 심혈관질환 등으로 인해 장기적인 후유증이 남는 경우 보장을 받을 수 있도록 설계된 상품이다. 또한, 재활치료비 특약이나 간병비 지원 특약을 추가하면 후유장해로 인해 발생하는 경제적 부담을 더욱 효과적으로 줄일 수 있다.

후유장해 보험을 선택할 때는 보장 범위와 지급률을 면밀히 검토하는 것이 중요하다. 특히, 신체 부위별 지급률과 면책 조건을 확인해야 하며, 장기적인 재활이 필요한 경우 간병비나 생활비 보장이 가능한 상품을 고려하는 것이 바람직하다. 또한, 후유장해보험금 특약은 기본 보험과 함께 가입할 수 있으므로, 본인의 건강 상태와 생활 방식에 맞춰 적절한 보험 설계를 하는 것이 필요하다.

결론적으로, 후유장해보험금은 질병이나 상해로 인해 발생하는 장기적인 경제적 부담을 줄이기 위한 필수적인 보장이다. 사고나 질병 후유증으로 인해 일상생활이 어려워지는 경우를 대비하여 신체 부위별 지급률과 특약을 충분히 고려하여 가입하는 것이 중요하다. 후유장해 진단 시 적절한 보장을 받을 수 있도록 사전에 대비하고, 지속적인 점검을 통해 본인의 필요에 맞는 보험을 유지하는 것이 현명한 선택이 될 것이다.

PART 4

보험금 청구의 현실과 소비자의 권리

1
보험금 청구 프로세스

보험금 청구

보험금은 접수한 날부터 3영업일 이내 지급하여야 하며
지급사유의 조사나 확인이 필요한 경우 10영업일 이내 지급한다.
(보험업감독업무시행세칙. 보험표준약관 제 8조 1항)

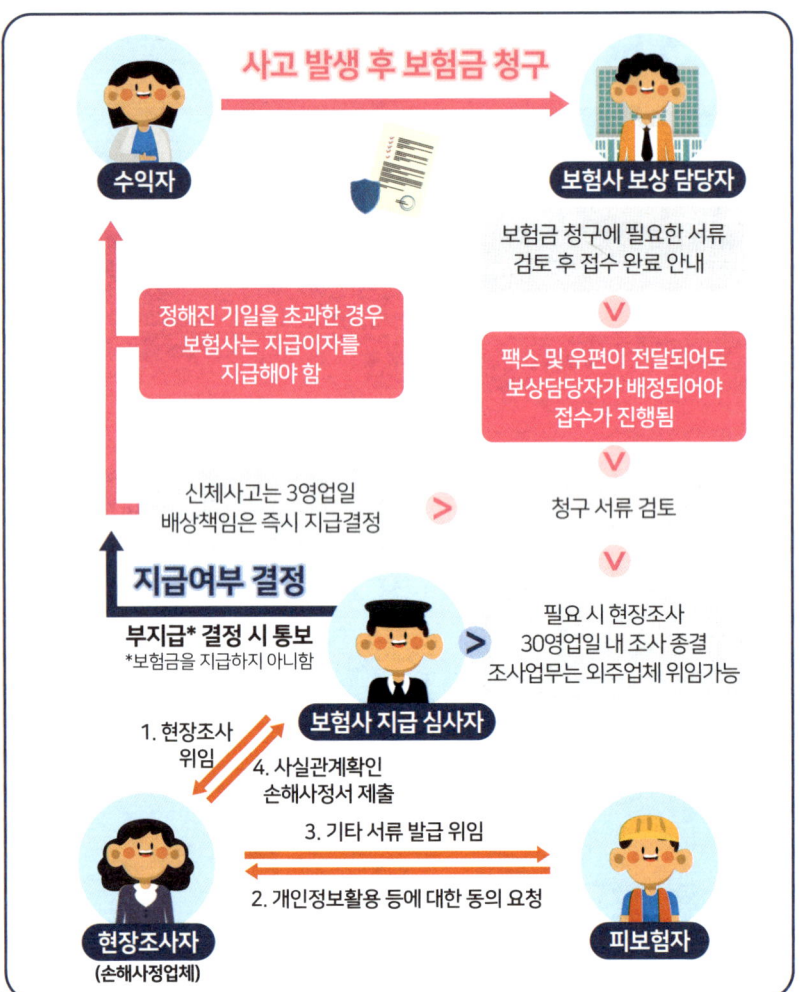

| 보험금 청구 프로세스

보험금 청구는 예상보다 복잡한 프로세스를 거치게 된다. 많은 사람들이 단순히 서류를 제출하면 보험금이 지급될 것이라 생각하지만, 실제로는 여러 단계의 검토와 심사 과정을 거치게 된다.

보험금 청구는 우편, 팩스, 모바일 어플리케이션 등 다양한 방법으로 가능하다. 하지만 청구 접수가 되었다고 해서 바로 심사가 시작되는 것은 아니다. 보험사에서는 크게 두 명의 담당자가 보험금 청구 건을 처리하게 되는데, 바로 보상 담당자와 보험금 심사자이다.

첫 단계에서는 보상 담당자가 배정된다. 보상 담당자는 제출된 서류의 적정성을 검토하고, 추가로 필요한 서류가 있는지 확인한다. 이 과정에서 청구인과의 소통도 담당하게 된다. 보상 담당자의 검토가 완료되면 비로소 정식으로 보험금 지급 신청이 이루어진다.

다음 단계에서는 보험금 심사자가 세부적인 심사를 진행한다. 보험금 심사자는 청구 내용이 보험 약관에 부합하는지, 보험금 지급 요건이 충족되었는지를 면밀히 검토한다. 이 과정에서 의심스러운 점이나 추가 확인이 필요한 사항이 발견되면, 의료 자문을 요청하거나 현장 실사를 진행할 수 있다.

보험 심사 시 의심스러운 부분이 있으면 의료 자문 등을 실시할 수 있다.

따라서 보험금 청구 시에는 이러한 프로세스를 이해하고, 필요한 서류를 빠짐없이 준비하는 것이 중요하다. 또한 보험사의 추가 조사 요청이 있을 경우, 의료 자문에 어떻게 대응하는지가 보험금 수령에 많은 도움이 된다.

2
의료 자문과 보험금 청구 팁

의료 자문이란?

보험회사가 보험금 지급여부 결정을 위하여 의료법 제 3조에 따른 의료기관에 소속된 전문가 또는 이에 준하는 경력이 있는 자에게 의학적 소견을 구하는 행위

보험업계의 의료자문제도 악용 논란

[손해보험업권 의료 자문 현황]

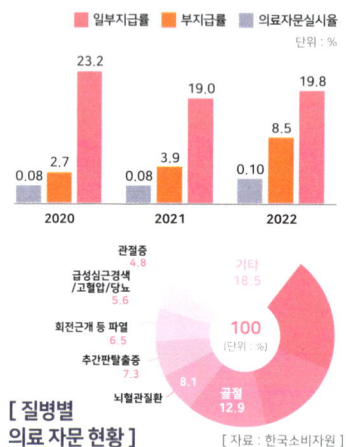

[질병별 의료 자문 현황]

[금융감독원 의료 자문 남용 자제 공문]

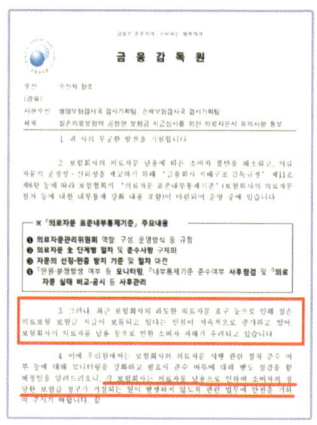

의료 자문 사유 공문요청 후 주치의 내용전달

[보험협회 의료 자문 표준내부통제기준 제 12조 설명 의무]

보험사에서 의료 자문 요청 시 왜 의료 자문을 실시해야 하는지에 대한 공식적인 서류를 보험사에 요청한다. 요청한 서류를 통해 **주치의에게 해당 서류를 반박할 수 있는 주치의 소견서를 작성해서** 보험사에 제출한다.

제3의료 기관을 통한 동시 감정실시

[보험협회 의료 자문 표준내부통제기준 제 22조 자문의선정시 준수사항]

보험사의 의료 자문에 동의하지 않고 **제3의료 기관을 선정하여 동시 감정을 실시하여야 한다.** 이때 보험사의 직전 1년 의료자문 병원 리스트를 요청 후 해당 의료기관이 아닌 의료기관을 통해 의료 자문을 실시하는 것이 중요하다.

|의료 자문과 보험금 청구 팁

보험사의 의료 자문 요청에 대한 대응 전략을 체계적으로 설명하겠다.

의료 자문은 보험금 지급 심사 과정에서 핵심적인 절차로, 고객은 이에 대한 철저한 준비와 대응이 필요하다. 보험사가 의뢰하는 의료 자문은 보험금 지급 여부를 결정하는 중요한 근거가 되므로, 다음과 같은 단계별 대응 전략을 숙지하고 실행해야 한다.

먼저 의료 자문 동의 전에는 자문 요청의 구체적인 내용을 면밀히 검토해야 한다. 보험사가 의뢰하려는 병원과 자문 의사의 전문분야, 자문 요청 사항이 적절한지 확인하는 것이 중요하다. 특히 보험사가 특정한 답변을 유도하는 질문을 설계했는지 주의 깊게 살펴봐야 한다. 자문 동의서에 서명하기 전에는 필요한 경우 전문가의 조언을 구하는 것이 바람직하다.

의료 자문이 진행되는 동안에는 자문 결과가 갖는 의미를 정확히 이해해야 한다. 의료 자문은 보험사의 최종 판단을 위한 참고자료일 뿐, 절대적인 기준이 되지는 않는다. 따라서 부정적인 자문 결과를 받더라도 지나치게 좌절할 필요는 없다. 주치의의 진단과 자문 의견이 다를 경우에는 추가적인 검토를 요구할 수 있으며, 이 과정에서 발생하는 모든 소통 내용을 꼼꼼히 기록해두는 것이 중요하다.

의료 자문 후에는 결과에 따라 적절한 대응을 취해야 한다. 부지급 판정을 받은 경우 다른 의료기관의 의견을 받는 동시감정을 요청할 수 있다. 또한 보험 전문가나 법률가의 자문을 받아 대응 방향을 모색하는 것도 필요하다. 자문 과정에서 부당한 처리가 있었다고 판단되면 금융감독원에 민원을 제기하는 것

2
의료자문과 보험금 청구 팁

도 고려할 수 있다.

 전반적인 과정에서 고객은 능동적이고 신중한 태도를 유지해야 한다. 보험사의 요청을 무조건 수용하기보다는 충분한 검토 후 결정을 내려야 하며, 의문사항은 즉시 질문하고 답변을 기록으로 남겨야 한다. 또한 주치의와 지속적으로 소통하며 필요한 경우 추가적인 의견서를 확보해두는 것이 바람직하다.

 이러한 체계적인 대응을 통해 의료 자문 과정에서 발생할 수 있는 불이익을 최소화하고, 정당한 보험금 지급을 받을 수 있는 가능성을 높일 수 있다.

4 보험금 청구의 현실과 소비자의 권리

3
소비자가 알기어려운 보상규정_수술비보상

질병 수술비 특약

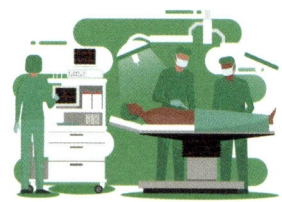

병원, 의원 등에서 치료를 직접적인 목적으로 기구를 사용하여 생체에 절단, 절제 등의 조작을 가하는 것 또한 보건복지부 산하 신의료기술평가 위원회로부터 안정성과 치료 효과를 인정받은 신의료기술(최신 약관 기준)도 포함됨

보험 약관에서 제외하는 수술의 종류

- **흡인** 빨아들이는 것
- **천자** 주사기 등으로 바늘 또는 관을 꽂아 체액, 조직을 뽑아내거나 약물을 주입하는 것

- 신경 차단술
- 미용성형 목적의 수술
- 피임 목적의 수술
- 검사 및 진단을 위한 수술 (생검, 복강경 검사 등)
- 수술의 정의에 해당하지 않는 시술 (체외 충격파, 치조골 처치 등)

1-5종 수술비 특약

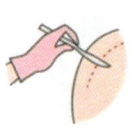

관혈수술
피부를 절개하고 질병부위를 노출시켜서 수술 부위를 육안으로 직접 보면서 수술하는 것
예) 개복술, 개두술, 개흉술 등

비관혈수술
피부의 절개 없이 수술을 진행하는 것
예) 내시경수술, 카테터 수술 등

N대 수술비 특약

※ 정확한 내용은 해당 보험사 약관을 참조하시길 바랍니다.

|소비자가 알기어려운 보상규정_수술비보상

현대 의료 환경에서 수술은 건강 회복을 위한 필수적인 치료 방법이다. 그러나 수술에 따르는 경제적 부담은 가계에 큰 영향을 미칠 수 있다. 이러한 경제적 위험을 대비하기 위해 보험사들은 다양한 수술비 특약을 제공하고 있다. 하지만 모든 수술이 보험의 보장 범위에 포함되는 것은 아니다. 특히 흡입술이나 천자술과 같은 시술은 전통적으로 보장에서 제외되는 경우가 많아 소비자들의 주의가 필요하다.

흡입술과 천자술은 의료 현장에서 빈번하게 시행되는 시술이지만, 많은 보험상품에서 이를 수술로 인정하지 않는 경우가 많다. 이는 이러한 시술이 전통적인 의미의 '수술'과는 다른 특성을 가지기 때문이다.

흡입술은 체내에 비정상적으로 축적된 액체나 가스를 제거하기 위해 바늘을 사용하여 흡입하는 시술이다. 예를 들어, 관절에 물이 차서 붓고 통증이 있는 경우, 의사는 바늘을 삽입하여 과잉 액체를 제거한다. 이 시술은 비교적 간단하고 침습성이 낮으며, 일반적으로 외래에서 시행된다.

전통적인 수술비 특약에서는 대부분 "흡인(吸引), 천자(穿刺) 등의 조치 및 검사 목적의 수술은 제외한다"라는 문구를 포함하고 있다. 이는 흡입술이 전통적인 수술에 비해 난이도가 낮고, 비용도 적게 든다는 판단에 근거한다.

그러나 최근에는 보장 범위를 확대한 신형 수술비 특약들이 출시되면서, 일부 상품에서는 흡입술도 보장되는 경우가 있다. 주로 1-7종 수술비 특약과 같이 수술을 난이도별로 분류하여 보장하는 상품에서 낮은 등급(1종)으로 분류되어 보장받을 수 있다.

천자술은 진단이나 치료 목적으로 체내에 바늘을 삽입하여 체액을 채취하거나 약물을 주입하는 시술이다. 예를 들어, 뇌척수액 검사를 위한 요추 천자나 복수 검사를 위한 복부 천자 등이 있다. 흡입술과 마찬가지로 천자술 역시 비교적 간단

3
소비자가 알기어려운 보상규정_수술비보상

하게 시행될 수 있는 시술이다.

천자술도 흡입술과 마찬가지로 전통적인 수술비 특약에서는 보장에서 제외되는 경우가 많다. 그러나 최신의 특약들, 특히 수술 난이도별로 분류하여 보장하는 상품에서는 천자술도 보장 범위에 포함되는 경우가 증가하고 있다.

보장 여부를 확인하기 위해서는 해당 보험의 약관을 꼼꼼히 살펴보아야 한다. 특히 "수술의 정의"와 "보장하지 않는 수술" 항목을 확인하여 흡입술과 천자술이 명시적으로 제외되어 있는지 확인해야 한다.

수술비 특약은 보장 범위와 방식에 따라 크게 세 가지 유형으로 나뉜다. 각 유형은 저마다의 특징과 장단점을 갖고 있어, 개인의 건강 상태와 필요에 따라 선택이 달라질 수 있다.

질병/상해 수술비 보험은 가장 넓은 범위의 보장을 제공하는 수술비 특약이다. 이 특약은 질병이나 상해로 인한 모든 수술을 보장하며, 수술의 종류나 난이도와 상관없이 일정 금액을 지급한다. 광범위한 수술을 보장하여 예상치 못한 수술에도 대비할 수 있다는 장점이 있지만, 가입 한도가 낮고 보험료가 상대적으로 높다는 단점이 있다. 일반적으로 가입 한도는 30-50만 원 정도이다. 이 유형은 다양한 질병 위험에 노출되어 있거나, 특정 질병보다는 전반적인 보장을 원하는 사람에게 적합하다.

종 수술비 보험은 수술의 난이도에 따라 차등 보상하는 특약이다. 수술을 1-5종 또는 1-8종으로 분류하여, 종류별로 다른 금액을 보장한다. 중대 수술에 대해 높은 보장을 받을 수 있으며, 수술의 난이도에 비례한 합리적인 보장이 가능하다는 장점이 있다. 그러나 약관에 따라 동일한 수술이라도 보장 종류가 다를 수 있어 복잡하다는 단점이 있다. 이 유형은 특히 중대 질환 위험이 있거나, 수술 난이도에 따른 차등 보장을 원하는 사람에게 적합하다.

특정 N대 수술비 보험은 특정 질병에 한정된 수술비를 보장하는 특약이. 주로

5대, 12대, 21대 등 명시된 주요 질병에 대한 수술만을 보장한다. 열거된 보장 질병 외의 수술은 보장받을 수 없다는 단점이 있다. 이 유형은 특정 질병에 대한 위험이 높거나, 비용 효율적인 보장을 원하는 사람에게 적합하다.

따라서 수술비 특약을 선택할 때는 여러 사항을 고려해야 한다. 먼저, 개인의 현재 건강 상태와 가족력을 고려해야 한다. 특정 질병 위험이 높다면 그에 맞는 보장을 선택해야 한다. 예를 들어, 가족력에 심장질환이 있다면 심장 수술이 높은 종으로 분류되는 종 수술비 특약이 유리할 수 있다.

또한, 보험 약관을 통해 어떤 수술이 보장되고, 어떤 수술이 제외되는지 꼼꼼히 확인해야 한다. 특히 흡입술, 천자술과 같은 시술이 보장되는지 확인하고, 자신에게 필요한 보장이 포함되어 있는지 검토해야 한다.

이미 가입한 다른 보험과의 중복 보장 여부도 확인해야 한다. 실손의료보험과 수술비 특약은 보완적인 관계지만, 여러 수술비 특약에 가입할 경우 불필요한 중복 보장이 발생할 수 있다.

수술비 특약은 예기치 않은 수술로 인한 경제적 부담을 줄이는 데 도움을 준다. 그러나 모든 수술이 보장되는 것은 아니며, 특히 흡입술과 천자술과 같은 시술은 보험 상품에 따라 보장 여부가 달라질 수 있다.

PART 5

똑똑한 소비자를 위한 보험 전략

1
보험 리모델링의 필요성

1. 보장내용

사망보장부터 **진단비, 입원비, 수술비까지** 고객이 원하는 대로!

납입 면제
암/후유장해/2대 질환

후유장해
질병/상해 후유장해
(3%~80%)

상해/재해
골절진단(치아파절 제외)
깁스치료 보장, 화상진단

사망
일반사망/암사망
상해사망/재해사망

2대 진단
뇌출혈진단/뇌졸중진단
뇌혈관질환진단
급성심근경색증진단
허혈심장질환진단
2대질병수술

암
암진단/소액암보장/고액암보장
계속받는암진단/여성암보장
첫날부터암직접치료입원(요양병원제외)
암수술/첫날부터요양병원암입원(갱신형)
암직접치료통원/항암약물방사선치료

생활비/간병
암 진단 생활비
2대 질환 생활비
중증치매간병생활자금

치아
임플란트/브릿지/틀니
인레이/온레이

치매
경도, 중등도, 중증
치매진단

운전자
변호사 선임, 벌금
교통사고 처리지원금

특정진단
양성뇌종양진단/말기신부전증진단/말기폐질환진단/말기간질환진단/중증재생불량성빈혈진단
주요법정감염병치료비/류마티스관절염진단/당뇨병진단/신경계질환진단
면역계질환진단/희귀난치성질환진단

입원 및 수술
질병입원/상해입원/암입원/뇌혈관수술비/허혈성심장질환수술비/암수술/1-5종수술비/1-8종수술비
N대수술비/질병수술/상해수술/특정질환수술비/인공관절수술/충수염절제술/2대질환수술비

2. 납입/보장기간

상황에 맞는 **납입 기간과 만기 설정!**

보험만기	90세 만기	100세 만기	종신형	갱신형
납입기간	10년납	15년납	20년납	30년납

3. 보험료

무/저해지 상품으로 적절한 보험료 제안! 표준형 무해지형 저해지형

✓ **무해지/저해지 상품이란?** 해지급금이 없거나 일반 보험상품보다 적은 보험상품으로 보험료는 일반 보험상품보다 10-20% 이상 저렴한 보험상품

|보험 리모델링의 필요성

보험 리모델링을 고려할 때는 세심한 주의와 철저한 분석이 필요하다. 먼저 보장내용 측면에서, 기존 보험의 보장 범위를 정확히 파악하는 것이 가장 중요하다. 새로운 보험으로 전환할 때 자칫 보장범위가 축소될 수 있으므로, 본인의 필요와 목적에 부합하는지 꼼꼼히 확인해야 한다. 특히 상해사망과 같이 특정 조건에서만 보장되는 항목들은 더욱 세심한 검토가 필요하다.

만기 설정에 있어서는 장기적인 관점이 중요하다. 90세나 100세까지 충분히 긴 만기를 설정하는 것이 권장되며, 특히 사망보험과 같은 중요 보장은 더욱 신중한 접근이 필요하다. 보험료 측면에서는 단순한 비용 절감만을 목적으로 하면 보장 축소라는 함정에 빠질 수 있다. 따라서 본인의 수입 발생 기간을 고려한 적정 보험료 설정이 중요하며, 보험료가 낮아졌다고 해서 반드시 유리한 것은 아님을 인지해야 한다.

보험 리모델링 시 가장 경계해야 할 것은 섣부른 결정이다. 기존 보험을 해지할 경우 해지환급금이 납입한 보험료보다 현저히 적을 수 있으며, 나이가 많아지거나 건강상태가 나빠질 경우 새로운 보험 가입이 제한될 수 있다. 따라서 해지를 결정하기 전에 감액완납이나 납입유예 등의 대안을 충분히 검토해보는 것이 현명하다.

보험 리모델링은 단순한 보험료 절감이 아닌 장기적인 보장 측면에서 접근해야 하며, 전문가와의 상담을 통해 신중하게 결정해야 한다. 본인의 현재 상황과 미래 필요를 종합적으로 고려하여, 최적의 보장을 유지하면서도 합리적인 보험료를 납부할 수 있는 방안을 찾는 것이 바람직하다.

2
비급여 치료, 실손보험만으론 부족

■ 최신 치료법은 국민건강보험의 급여 적용이 안되는 경우가 흔함
또한 실손의료보험의 통원치료비 한도 적용을 받음

비급여 통원치료
암 치료 등 최신 의료기술은
입원이 아닌 통원 치료가 많음

통원치료 ↓

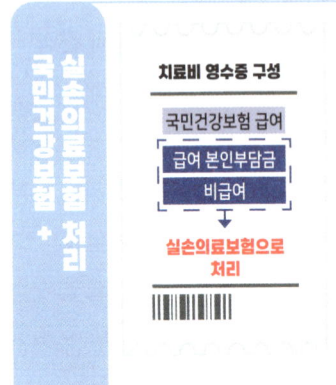

병원
치료비가 비싸 실손의료보험의
통원치료비 한도로는 부족

통원치료비 한도 처리가능 ↓

보험사
통원 치료비 한도 평균
10~25만 원 수준

비급여 통원치료를 받은 경우 실손보험만으로는
보상한도가 제한적일 수 있어 병원비의 대부분을
환자가 부담하는 경우가 발생할 수 있다.

가입 중인 보험을 보장분석해야 하는 이유

주요 질병 비급여 치료비용 보장여부

치료에 필요한 비용

치료 이외 필요한 비용

가입한 보험의 최신 주요 질병의 신의료기술에 따른
보장 한도가 적절한지 보장분석이 필요하다.

|비급여 치료, 실손보험만으론 부족

5세대 실손보험의 도입으로 자기부담금이 50%로 상향되어, 실손보험 혜택이 상당 부분 축소되는 변화가 있다.

기존 실손보험 가입자들도 이러한 변화의 영향권에 있다. 보험 갱신 시점에 5세대 실손보험으로 전환될 수 있어, 현재 실손보험에 가입했다고 해서 안심할 수 없는 상황이다. 이는 실손보험만으로 의료비를 해결할 수 있다는 기존의 통념이 더 이상 유효하지 않다는 것을 의미한다.

따라서 의료비 보장을 위한 새로운 접근이 필요하다. 실손보험을 기본으로 하되, 추가적인 보장성 보험을 통해 의료비 부담을 분산시키는 전략이 중요해졌다. 특히 간병보험, 입원비, 수술비 등의 정액형 보험을 활용해 실손보험의 보장 축소를 보완할 필요가 있다.

간병보험은 장기 입원이나 간병이 필요한 상황에서 큰 도움이 될 수 있다. 입원비와 수술비 보험은 정액으로 지급되어 실손보험의 자기부담금을 충당하는 데 활용할 수 있다. 또한 중대질병보험이나 암보험 등 특정 질병에 대한 보장도 고려해볼 만하다.

이러한 변화에 대응하기 위해서는 본인의 건강상태, 경제적 여건, 가족력 등을 고려한 맞춤형 보험 설계가 필요하다. 단순히 실손보험에만 의존하는 것이 아니라, 다양한 보험 상품을 조합하여 의료비 위험에 대비하는 것이 현명한 선택이 될 것이다. 특히 나이가 들수록 의료비 부담이 커지는 점을 감안하면, 젊었을 때부터 체계적인 보험 준비를 하는 것이 중요하다.

3
신의료기술과 주요수술 보장

신의료기술이란?

새로운 의료기술의 안정성, 유효성 등을 건강보험심사평가원에서 평가하여 신의료기술평가 인증을 받게 되면 보험 수가를 정하는 품목 코드가 잡히게 된다.

신의료기술과 질병수술비 보상

손해보험 질병수술비 특약에 관한 보험약관 내용 중 신의료 신기술이 수술에 포함된다는 내용이 있는 경우 비관혈 수술도 질병수술비 보상이 가능

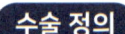

1. 관혈수술(치료부의 절제, 절단)
2. 비관혈수술중 내시경, 카테터, 신의료기술(치료 방사선 조사 포함)

피를 보면서 하는 수술
절개, 절단, 봉합하는 의료행위

피를 보지 않고 하는 수술
절개와 절단없이 하는 최소한의 의료행위

구분		질병코드	관혈/비관혈	수술비 보장 담보			기타 수술비
				질병수술비	질병수술(1~5종)	질병수술(1~8종)	
뇌혈관	경피적 혈전제거술	I63	비관혈	O	3종	6종 (B027)	5대기관
심장	경피적 대동맥판 삽입술 (TAVI)	I35	비관혈	O	3종	8종 (F021)	5대기관
심장	고주파 흉강경하 심방세동 (부정맥)수술	I48	관혈	O	5종	5종 (F054)	5대기관
갑상선	갑상선 고주파절제술	E07	비관혈	O	2종	✗	
유방	맘모톰 (초음파유도하유방양성병변절제술)	N60	비관혈	O	1종	✗	
간	하이푸 (고강도초음파집속술)(간암)	C22	비관혈	O	3종	✗	암수술비
생식기	하이푸 (고강도초음파집속술)(자궁근종,자궁선근증)	D25	비관혈	O	1종	✗	
생식기	전립선 결찰술 (이식형 결찰사를 이용한 전립선 결찰술)	N40	비관혈	O	1종	✗	남성특정비뇨기계질환
척추	디스크 신경 성형술 (경막외강유착박리술)	M50	비관혈	O	2종	✗	추간판장애수술비
무릎	무릎관절줄기세포치료 (관절경하 카티스템 수술)	M15	비관혈	O	2종	✗	
다리	베나실 (하지정맥류 복재정맥 폐색술)	I83	비관혈	O	1종	✗	
로봇	로봇 보조 수술 (다빈치)(암)	악성종양	관혈	O	5종	✗	다빈치 로봇암수술비
로봇	로봇 보조 수술 (다빈치,레보아이)(특정자궁및난소질환,특정전립선및방광질환,특정내분비및소화계질환)	D25, N40, E05	관혈	O	O	✗	특정진환 로봇수술비

신의료기술 승인된 최신 치료기법에 대한 수술 인정은 '적응 중'에 시행된 경우만 인정함

신의료기술과 주요수술 보장

　의료기술의 발전 속도가 빨라지면서 새로운 치료법과 수술 기법이 지속적으로 등장하고 있다. 이러한 신의료기술은 환자들에게 더 나은 치료 옵션을 제공하지만, 대부분 건강보험이 적용되지 않는 비급여 항목으로 분류되어 환자의 의료비 부담이 커지고 있는 실정이다.

　특히 로봇수술, 초음파 치료, 면역세포 치료 등 첨단 의료기술을 활용한 수술이 증가하면서, 기존의 보험 보장 범위로는 충분한 보장을 받기 어려운 상황이 발생하고 있다. 이러한 비급여 수술은 일반적으로 수술 건당 수백만 원에서 수천만 원의 비용이 발생할 수 있어, 환자와 가족들에게 큰 경제적 부담이 된다.

　이러한 의료 환경 변화에 대응하여 보험사들도 새로운 특약 상품을 출시하고 있다. 로봇수술비 특약, 신의료기술 수술비 특약, 다빈치로봇 수술비 특약 등 최신 의료기술을 활용한 수술에 대한 보장 상품이 계속해서 개발되고 있다. 이러한 특약들은 기존 수술비 보장에서 제외되었던 항목들을 보완하여 더 폭넓은 보장을 제공한다.

　따라서 정기적인 보험 보장 분석과 재설계가 필요하다. 최소 1년에 한 번은 자신의 보험 보장 내용을 점검하고, 새롭게 출시된 특약 상품들을 검토하는 것이 바람직하다. 특히 기존에 가입한 보험의 보장 범위가 현재의 의료 환경에 적합한지, 보장이 부족한 부분은 없는지 면밀히 살펴봐야 한다.

4
보험 약관 쉽게 이해하기

1. 목차 읽기

가입자
유의사항

주요내용
요약서

보험용어
해설

2. 흐름 파악하기

계약자의
의무

보험료
납입

계약 성립과
유지

보험금
지급

3. 핵심포인트 확인하기

1 계약 전 알릴 의무

2 계약 후 알릴 의무

3 보험금 지급 사유

4 보험금 면책 사유

5 보험금 지급 절차

6 분쟁조정

|보험 약관 쉽게 이해하기

　보험약관을 이해하기 위해서는 체계적인 접근이 필요하다. 첫 번째 단계는 목차 읽기다. 약관의 서두에 위치한 목차는 전체 내용을 파악하는 중요한 지표가 된다. 특히 가입자 유의사항, 주요 내용 요약서, 보험용어 해설, 주요 민원 사례 등을 우선적으로 확인해야 한다. 이를 통해 약관의 전반적인 구조와 중요 포인트를 미리 파악할 수 있다.

　두 번째 단계는 약관의 전체적인 흐름을 파악하는 것이다. 일반적인 보험약관은 보험료 납입, 계약자의무, 보험계약성립과 유지, 보험금 지급 순으로 구성되어 있다. 이러한 흐름을 이해하면 필요한 정보를 더 쉽게 찾을 수 있으며, 각 섹션 간의 연관성도 파악할 수 있다.

　세 번째 단계는 핵심 포인트를 파악하는 것이다. 보험금 지급 기준표는 보험 상품의 핵심 내용을 담고 있어 특히 중요하다. 주요 체크포인트로는 계약 전후 알릴 의무, 보험금 지급과 관련된 사항들이 있다. 구체적으로 보험금의 종류, 지급사유, 지급불가 사유를 꼼꼼히 확인해야 한다. 또한 보험금 지급 절차와 분쟁 조정 부분도 반드시 검토해야 할 중요 항목이다.

　이러한 3단계 접근법을 통해 복잡한 보험약관을 체계적으로 이해할 수 있다. 특히 보험금 청구 시 필요한 정보를 쉽게 찾을 수 있으며, 불필요한 분쟁을 예방할 수 있다.

마무리하며

보험은 한 사람의 삶을 지키는 조용한 동반자이다. 갑작스런 병이나 사고, 예기치 못한 일들이 우리를 찾아올 때, 보험은 재정적인 부담을 덜어주고 일상을 다시 이어갈 수 있도록 도와준다. 하지만 정작 많은 사람들은 보험을 '있으면 좋은 것' 정도로 생각하거나, 제대로 된 정보 없이 주변 권유에 의해 가입하곤 한다. 그렇게 시작된 보험은 필요할 때 기대만큼의 역할을 하지 못하고, 오히려 실망이나 혼란을 안겨주기도 한다.

《보험 로드맵》은 그런 아쉬움에서 출발했다. 단지 보험을 소개하는 책이 아니라, 보험을 '어떻게' 준비하고, '언제' 점검하며, '무엇을' 기준으로 선택해야 하는지, 실제 생활에 밀접한 질문에 답하려고 했다. 보험은 더 이상 선택의 문제가 아니라, 누구에게나 필요한 준비이다. 그렇기에 이왕 가입한다면, 나에게 맞는 보장을 갖추고, 보험료 이상의 가치를 누릴 수 있어야 한다.

이 책은 생애주기별로 어떤 보험이 필요한지부터 시작해, 많은 소비자들이 놓치기 쉬운 보험사의 약관과 정책, 그리고 시대 흐름에 따라 바뀌는 보험 상품의 특징까지 꼼꼼하게 다루고 있다. 특히 실손보험이나 암보험처럼 의료 환경에 따라 빠르게 변화하는 상품의 경우, 가입 시기별로 어떤 차이가 있는지, 과거에 가입한 보험이 지금도 유효한 보장을 제공하는지를 점검할 수 있도록 구성했다.

또한 보험은 가입 이후가 더 중요하다. 보장 내용을 주기적으로 확인하고, 필요에 따라 리모델링을 진행하는 것이 결국 '제대로 된 보상'으로 이어지기 때문이다. 그럼에도 불구하고 많은 이들이 청구 절차를 몰라 보상을 받지 못하거나, 약관에 숨은 면책 조항 때문에 당황하는 경우가 많다. 이 책은 그런 현실적인 문제들에 대해 구체적인 사례와 팁을 담아, 보험금 청구 과정에서 실질적인 도움을 받을 수 있도록 구성되어 있다.

 무엇보다도 강조하고 싶은 점은, 보험은 더 이상 '전문가의 영역'에만 맡겨둘 수 없다는 것이다. 물론 전문가의 조언은 중요하지만, 스스로 최소한의 기준을 갖고 판단할 수 있어야 진짜 나에게 맞는 보험을 찾을 수 있다. 이 책을 통해 독자들이 보험에 대한 시야를 넓히고, 단순한 금융 상품이 아닌 '삶의 전략'으로 받아들이게 되기를 바란다.

 보험은 숫자로만 이해할 수 없다. 삶의 방식, 가족의 상황, 건강 상태, 앞으로의 계획까지 모두가 연결되어 있기 때문이다. 그래서 이 책은 보험에 대한 정보만이 아니라, 스스로의 삶을 돌아보고 앞으로의 방향을 설계하는 시간까지 함께 담고자 했다. 어떤 사람에게는 보험을 새롭게 시작하는 계기가, 또 다른 사람에게는 오래된 보험을 점검하고 조정하는 기회가 되기를 바란다.

 지금까지 보험을 어려워했다면, 이 책이 조금이나마 그 두려움을 덜어주었기를 바란다. 《보험 로드맵》이 여러분의 든든한 안내서가 되어, 불확실한 미래를 준비하는 데 실질적인 도움이 되기를 진심으로 바란다.

보험로드맵

발행일   2025년 05월 19일

지은이   박경수
펴낸이   남성현

편집·디자인   에프피하우스

펴낸곳   에프피하우스   **출판등록**   2024년 7월 4일(제2024-000015호)
             부산광역시 남구 수영로 312, 2028호
             1566-4875

ISBN   979-11-990658-8-8 (종이책)   979-11-990658-7-1 (전자책)

· 인쇄·제작 및 유통상의 파본 도서는 구입하신 서점에서 바꿔드립니다.
· 이 책의 전부 또는 일부 내용을 재사용하려면 반드시 사전에 저작권자와 (주)에프피하우스의 동의를 받아야 합니다.